汉广陵国玉器

扬州博物馆 天长市博物馆 编

主编 徐良玉

副主编 周长源 赵树新

文物出版社

漢廣陵國

漢高祖劉邦建立漢王朝後行郡國制分封同族劉姓為各地諸侯
王廣陵先屬荊後屬吳江都廣陵受封王侯達十六人自吳王濞起
廣陵均為封國都城所在濞時轄大江南北三郡五十三城招納流
亡鑄銅為錢伐木為船經營凡四十餘年廣陵漸次繁榮後經歷代
諸侯王營構廣陵遂成江淮間經濟實力雄厚之大都會也武帝元
狩六年封皇子胥為廣陵王改江都國為廣陵國轄廣陵江都高郵
平安四縣宣帝五鳳四年胥坐祝詛事自殺國除元帝初元二年復
立胥子霸為廣陵王自元帝初元二年至孺子嬰居攝二年先後封
為廣陵王者計五人王莽時國絕光武帝建武十八年復立廣陵郡
轄廣陵等十一縣明帝永平元年改廣陵郡為廣陵國遷山陽王荊
為廣陵王明帝永平十四年封荊子元壽為廣陵侯並傳國於後

汉广陵国玉器

主　编　徐良玉

副主编　周长源　赵树新

撰　稿　（按姓氏笔画为序）

马富坤	王　冰	王晓东	印志华
孙庆飞	纪春华	朱正芳	朱育林
刘　勤	李则斌	李建广	李　斌
张元华	季寿山	周长源	赵树新
赵　进	施　庆	徐良玉	

摄　影　王晓涛

拓　片　周长源

扬州市邗江甘泉军庄汉墓发掘现场

扬州市高邮天山乡神居山汉墓发掘现场

目 录

论扬州汉墓出土玉器

◉ 徐良玉

扬州，古称广陵，南临长江，中贯运河，自公元前486年吴王夫差开邗沟沟通江淮以后，即以扼水路交通枢纽之利，带动经济繁荣和文化昌盛，成为中国古代著名的商贸都会。汉高祖刘邦建立汉王朝后，实行郡国制，分封功臣和同族刘姓为各地诸侯王，广陵先属荆国，后属吴国、江都国、广陵国（郡），受封王侯达十六人以上。自吴王刘濞起，广陵均为封国之都城所在。刘濞时，辖大江南北三郡五十三城，招纳流亡，开发资源，铸铜为钱，伐木为船，经营四十余年，奠定了汉代扬州繁荣的基础，后经历代诸侯王的再度发展，广陵成为江淮间经济实力雄厚的一大都会。据载，汉武帝刘彻元狩六年（公元前117年）封皇子刘胥为广陵王，改江都国为广陵国，辖广陵、江都、高邮、平安四县；汉元帝刘奭初元二年（公元前47年），封刘胥子刘霸为广陵王。从公元前47年至公元7年先后封为广陵王的计有五位。东汉光武帝建武十八年（公元42年），置广陵郡，辖广陵等十一县；东汉明帝永平元年（公元58年），改广陵郡为广陵国，迁山阳王刘荆为广陵王；明帝永平十四年（公元71年），封刘荆子刘元寿为广陵侯，并传国于后。

1949年以后，特别是二十世纪七十年代以来，扬州地区的考古工作有了很大的发展，汉代考古工作取得了丰硕成果。南京博物院和扬州博物馆在扬州市郊、邗江、仪征、高邮、宝应等地发掘了一批汉墓，出土了丰富的汉代文物，其中有许多精美的玉器。出土玉器的汉墓，墓主身份尊贵、地位较高，其中有一些墓的墓主可以确定为王侯及其家族成员，小型汉墓中则极少有玉器出土。出土玉器的汉墓年代，相当于西汉中期至东汉前期，也有其他时期的少数玉器出土。虽然扬州的大型汉墓大多早年遭盗，随葬玉器详情不明，但劫后所余仍不乏精品，表现出很高的琢玉水平。下面即简述有关玉器出土的情况。

1977年发掘的邗江甘泉"姜莫书"西汉木椁墓[1]，木椁长7、宽4.5米，为二椁一棺女性墓葬，时代为西汉昭宣时期。墓内出土玉器近30件，玻璃衣片近600片。出土玉器有：璧6件，璜7件，觿2件，环1件，韘形佩2件，玉舞人3件，嵌玉铜带板1件，玉贝饰9枚，还有兽面嵌饰、勾云纹嵌饰、三角形和菱形嵌饰以及玛瑙饰件等。

1980年发掘的邗江甘泉双山2号东汉砖室墓[2]，墓室南北8.8、东西9.6米，为东汉广陵王刘荆的陵墓，时代为东汉明帝永平十年（公元67年）。墓内出土玉器17件，有虎钮玛瑙印、滑石猪、玉翁仲、琥珀饰件、玉管、玉珠、玛瑙管及金器上所嵌水晶和绿松石。

二十世纪八十年代初发掘的高邮天山乡神居山两座西汉墓，为"黄肠题凑"式大型木椁墓。1号墓237平方米，2号墓规模略小于1号墓，为广陵王刘胥及其妻的陵墓，时代为西汉中期。发掘报告尚未发表，出土玉器约20件，有璧、环、蝉、玉管、剑首、玉衣片等。

1984年发掘的邗江甘泉老虎墩东汉砖室墓[3]，墓室长14、宽8.65米，为东汉前期某位广陵侯的墓葬。出土玉器有辟邪白玉壶、螭龙形玉环、"宜子孙"螭凤纹璧形佩、玉具剑饰（首、格、璏）及铜器残件的兽足上所嵌绿松石。

1985年发掘的邗江杨寿宝女墩104号新莽墓[4]，为二椁一棺女性墓，木椁长5.06、宽3.26米。墓内出土玉器有玉猪1对，玉塞2件，玻璃衣片19片，并出土有"广陵服食官钉（鼎）第二"等铭文铜器，墓主与广陵王室有密切关系，为宝女墩大墓的陪葬墓。

1985、1988年先后发掘了邗江甘泉姚庄101和102号汉墓[5]。其中101号汉墓为夫妇合葬墓，木椁长5、宽3.1米，时代为西汉晚期，墓内出土玉串饰1组，其中有珠、管、羊、壶、胜、鸟、工形器等微雕饰品；102号

江苏邗江姚庄M101墓圹及木棺、椁（采自扬州博物馆：《江苏邗江姚庄101号西汉墓》，《文物》1988年第2期，图二）

墓也为夫妇合葬墓，木椁长5.38、宽3.31米。男棺为西汉晚期，女棺为新莽始建国元年（公元9年）以后，墓内出土玉器10件（组），其中男棺内出土有玉猪1对，玉肛塞1件，玉带钩2件，白玉蝉1件，玉鼻塞1对及玉具剑饰（格、璏、珌）；女棺内出土有玉猪1对，玛瑙、琥珀印各1件及玉串饰1组（有葫芦、羊、鸽子、兽、管微雕饰件）。

1985年发掘的仪征龙河烟袋山西汉木椁墓[6]，墓口长9.1、宽4.25～6.25米，椁室由外藏椁和正藏（棺椁组成）两部分组成，为夫妇合葬墓 时代为西汉中期，墓主与江都国或广陵国王族有关。在男棺内死者胸部出土玉璧1件，耳瑱1对。

1989、1990年发掘仪征张集团山西汉木椁墓4座[7]，时代约在公元前153～公元前127年，为江都王刘非陪葬墓。1号墓（女性）内出土玉璜2件，置放于死者胸部两侧；2号墓出土圆形玉饰片1件，玉饰残片1件（可能为含玉）。

1991年发掘的邗江甘泉巴家墩西汉墓，为大型木椁墓，木椁长8.5、宽6.94米，二椁一棺，墓葬年代为西汉昭宣之际，墓主为西汉广陵国的高级贵族，墓内出土玉器30余件，其中西汉玉器20余件，有璧8件，璜2件，玉卮1件，玉环3件，玻璃塞1件，还有觿、圭、书刀、贝、舞人等残片及玻璃衣残片、玛瑙残片。春秋战国时期玉器12件，有觿3件，璜2件，龙形佩1件，亚字形饰2件，还有璜、龙形佩、环等残件。

此外，1967年扬州市郊西湖砖瓦厂出土玉璧8件，另在扬州邗江甘泉三墩东汉墓、扬州北郊东风砖瓦厂汉墓群、扬州郊区平山养殖场汉墓群、扬州西湖胡场汉墓群、扬州邗江杨庙木椁墓、扬州甘泉军庄东汉墓、宝应汉墓群等，都出土有少量玉器。

扬州汉墓出土的玉器，品类丰富，造型优

高邮神居山西汉墓内棺顶部出土"谷纹玉璧"时的情景

美，雕琢精细，有不少精品，引起了国内外专家的注目，并产生了一定的影响。据不完全统计，扬州汉墓出土的玉器约有 200 件，20 多个品种。这些玉器可分为五大类（前四类为汉代玉器）。礼仪用玉有璧和圭。装饰用玉有璧、环、璜、觹、龙、舞人、韘形佩、司南佩、翁仲、严卯、耳瑱、玉串饰（珠、管、胜、花蕊形饰、壶、鸟、羊、鸡、鸭、辟邪、鱼），其中装饰配玉还有贝、管及铜带板嵌饰，并有亚字形、菱形、三角形、兽面纹、勾云纹嵌饰件和玉具剑饰（首、格、璲、珌）、刀饰（璏）等。生活用玉有辟邪玉壶、卮、带钩、印。丧葬用玉有璧、猪形握、蝉、塞（耳、鼻、肛、阴塞）。传存的春秋战国玉器有璜、觹、龙形佩、璧等。

（一）礼仪用玉

汉代礼仪用玉，主要是璧和圭两种。中国是礼仪之国，传统的礼制在先秦时期已形成。《周礼·大宗伯》云："以玉作六器，以礼天地

四方，以苍璧礼天，以黄琮礼地，以青圭礼东方，以赤璋礼南方，以白琥礼西方，以玄璜礼北方。"在 1989 年发掘的扬州西湖胡场 7 号西汉中型木椁墓中，出土两件青玉圭，素面，上端为三角状，下部为长方形，尺寸较小，应该有礼仪和显示身份、地位的作用。

扬州汉墓出土的玉璧较多，根据文献记载和考古资料可知，璧除用作礼天的苍璧外，还有多方面的用途，这次选录的 20 余件璧可分为六种形式：I 式璧，纹饰单一，璧两面饰谷纹，质为灰白玉和碧玉。II 式璧，内外圈二组纹饰，有外圈四组合首变体龙和鸟纹，内圈蒲纹、涡纹璧；有外圈三组合首变体龙和三组对凤相间纹，内圈蒲纹和涡纹璧；有外圈四组合首变体龙和内圈蒲纹璧；还有外圈二组合首变体龙和内圈蒲纹璧。内外组之间均用绚纹圈相隔，玉质均为青玉，尺寸不一。III 式璧，两面饰蒲纹，有的加饰涡纹，有的单面蒲纹，质为白玉和青玉。邗江甘泉"妾莫书"西汉墓出土的一件半璧，是人为锯成的，有着特殊的含义。IV 式璧，素面，质为黄玉和青玉，高邮神居山 2 号汉墓出土的一件青玉璧，边上刻有"上合"铭文。V 式璧，出廓形，出廓部分与璧体透雕，双面琢刻"宜子孙"吉祥语铭和螭凤装饰纹样。VI 式璧，用春秋战国时期大型螭凤、谷纹璧改制的中型玉璧。由于扬州汉墓绝大部分在历史上被盗掘，因此确定璧的用途有一定的难度，现根据出土情况作以下分析。

第一种是礼仪用璧，高邮神居山 1 号王陵中出土的青玉大璧，是按蒲纹格局装饰的谷纹璧，放置在内棺顶上中部（相当死者的胸部），内棺天花板饰云气纹，象征上天（扬州有些汉墓棺内天花板饰星象图），此璧当为礼天之用。另外，甘泉巴家墩西汉墓内出土一件青玉大璧，直径 28 厘米，内圈饰蒲纹加涡纹，外圈为四组变体合首龙纹，内外圈饰间用绚纹相隔，是扬州汉墓出土尺寸最大的玉璧，可能也

是作为礼仪用璧。第二种是辟邪用璧，高邮神居山 2 号陵墓中出土一件青白玉璧，上饰蒲纹格局的谷纹，并附有铜泡钉，将璧固定在棺内。还有仪征烟袋山汉墓把璧放置在死者胸部，该青玉璧外径 15.2、内径 2.7 厘米，两面浅刻纹饰相同，内圈刻蒲纹，外圈刻两组对称的变体对龙纹。西湖胡场汉墓有装饰在面罩顶部和两侧的玻璃璧，漆面罩是江淮特有的葬器，上饰云气纹。以上情况表明，这类璧具有辟邪作用。第三种应属丧葬用璧，这些青玉璧放置在棺内，有一定的数量，部分制作简单。第四种是装饰佩璧，甘泉老虎墩东汉墓出土有"宜子孙"螭凤纹出廓璧，出土时与玉具剑放在一起，这种有吉祥语铭的璧属装饰佩玉。璧的用途广泛，除此之外它们还有朝贺、馈赠、陈设、悬挂等作用。

（二）装饰用玉

环：扬州汉墓出土的玉环多作装饰佩环，亦有实用环，质为灰白玉和青玉，品种从纹饰上分有谷纹环、绚纹环、素面环、龙形环、龙猪鱼云纹相间的透雕环，其中甘泉老虎墩东汉砖室墓出土的"螭龙双圈环形佩"十分稀见。此环龙张口露舌，环绕两圈，在首尾相接的红黄色晕斑处雕一小螭，螭缠绕大龙，生动活泼。该环集透雕、阴刻线、浮雕技法于一体，在玉环的正面和反面表现了螭龙的正反形态，极为优美。

玉璜：璜多用于佩挂。汉墓出土的玉璜均为装饰用玉，质为白玉和青玉，有谷纹璜、素面璜、双龙首同体璜、云龙纹透雕璜形佩。尤以云龙纹透雕璜形佩为稀见。该佩为甘泉"妾莫书"西汉中期墓出土，白玉质，片状，其双面雕饰为国内罕见。儒家认为，彩虹是天龙饮水，玉璜便是模仿像天龙饮水的彩虹而来，因此玉璜多呈同体双龙形，仿佛是天空中的彩虹。

玉龙：这次选录的 3 件玉龙，一件为白玉龙形佩，另两件为青玉龙。青玉龙造型弯曲变化，龙身饰谷纹，采用透雕和阴线刻手法制成，龙身上部有圆孔，可作悬挂陈设。其造型纹饰、雕琢工艺均具有战国遗韵，时代为西汉早期。

玉舞人：共 3 件，均为甘泉"妾莫书"西汉墓出土，造型优美，是国内出土玉舞人中的精品，白玉质，双面雕饰，采用透雕和阴线刻手法制成。从现有资料看，玉舞人多出于女性墓中，这应是汉代妇女喜爱的佩玉。汉代是我国历史上音乐舞蹈盛行的时期，皇帝的后妃多能歌善舞。如成帝的赵皇后"学歌舞，号飞燕"。汉代玉舞人的造型均具有细腰和长袖的特点，可以说这是汉代妇女翩翩起舞的真实反映。

玉串饰和耳瑱：汉墓中出土玉串饰 3 组。1996 年扬州郊区西湖胡场 14 号西汉墓（女性墓）出土的一组串饰为颈部挂饰，计由 28 小件连缀而成，即是用金、玉、玛瑙、琥珀、玳瑁等材料制成的珠、管、壶、辟邪、鸡、鸭等形态的微雕饰件，十分精致，每件小饰件皆有极细的穿孔。另两组是甘泉姚庄 101、102 号汉墓中出土的玉串饰，它一般装饰在手部，与手链相似。此外，扬州市郊西湖胡场 20 号汉墓中出土玛瑙耳瑱 1 对，束腰柱状，中心穿孔，作耳坠用。

玉觿和鞢形佩：甘泉"妾莫书"西汉墓出土的白玉觿，一端夹角形，一端龙首形，两面刻纹相同。觿是古代用于解节的锥子，西汉玉觿，为扁平片状，一端刻回首龙，显然不是实用器，应是一种装饰佩玉。扬州汉墓出土 3 件鞢形佩（又称心形佩）。鞢形佩主体中心部位为椭圆形，中间有一圆孔，上端呈三角形，正面微鼓，背面略凹，一般两侧附有透雕装饰。甘泉"妾莫书"西汉墓出土的 2 件鞢形佩，其中一件在椭圆边缘饰缠绕螭，另一件是在椭圆形边饰两边各饰龙凤形装饰。宝应县汉墓出土的一件则是在椭圆形边饰一侧饰回首龙形，另一侧饰大凤小凤，中间即椭圆下方浮雕一小螭，这件双龙双凤韘形佩，极为稀见。韘形玉佩是汉代新出现的装饰佩玉，由早期射箭用的玉扳指衍化而来，是汉代崇武风尚在玉器上的反映。

严卯、司南佩、司南形佩、翁仲：刚卯、严卯是汉代特有的小玉器，与翁仲、司南佩构成了汉代辟邪玉器三件宝。甘泉三墩东汉墓出土的一件严卯，方柱形，中间穿一圆孔，外壁四面阴刻竖行殳书32字，内容与有关文献记载相符，为辟邪吉祥语。刚卯和严卯区别在"正月刚卯"、"疾日严卯"，汉代同质地的刚卯和严卯佩玉，有严格的等级规定，只有帝后、诸侯王、列侯方可佩白玉刚卯和严卯。这件严卯，质为和阗白玉，从墓主人的身份看符合礼制。甘泉三墩东汉墓还出土有司南白玉佩和司南形琥珀佩。司南佩，工字形柱状，上部一侧呈尖状体，按汉代礼制规定，司南玉佩要用白玉琢成，这件司南佩用新疆和阗白玉精雕而成，符合礼俗规定。司南形琥珀佩，形如简化的司南佩形。玉翁仲出土于甘泉双山东汉广陵王刘荆墓。

装饰配玉：这类玉器有玉具剑饰和玉具刀饰、嵌玉铜带板、玉贝饰、玉管、亚字形玉片、菱形和三角形嵌玉、改制兽面饰、双勾云纹配饰等。从扬州汉墓中出土文物看，这类玉器多有嵌在漆器、金器、铜器上的现象。如甘泉"妾莫书"西汉墓（女性墓）出土一件铜带板，在长方形框内嵌有透雕龙凤形黄玉薄片饰，十分精细。另外，扬州汉墓出土的玉具剑饰较多，有玉剑首、玉剑格、剑鞘玉璏、剑鞘玉珌配玉饰。玉剑饰的纹饰有蒲纹、网格纹、谷纹、云纹、螭纹、兽面纹和高浮雕蟠螭纹。汉代佩剑之风盛行，一般男子的棺内都有铁剑出土。《晋书·舆服志》载：汉天子以至百官无不佩剑，已成为一种习俗。

（三）丧葬用玉

握玉：玉猪握是一种拥有财富的象征，在扬州汉墓中发现有两种质地的握玉，一种是玉握，一种是石握，如在王莽墓中发现有用"汉八刀"雕琢的猪形玉握，另在宝应县东汉墓中出土有一对贴金箔石猪握，较为少见。此外，扬州汉墓中还出土有长条形玉片手握，小型汉墓中死者手中一般只握有木棒和竹棒。

九窍塞：有眼盖，耳、鼻、肛、阴塞，口琀蝉，多为玉制，也有用玻璃制作的。耳、鼻、肛、阴玉塞，一般为圆柱体和八角柱体，两头略有大小之分，用青玉和白玉制成。扬州汉墓出土的玉蝉，汉代中期前后制作简单，汉代晚期和新莽时期的蝉，造型逼真。如甘泉姚庄2号墓中的白玉蝉，制作极为精美，为蝉中之冠。扬州汉墓中死者口中一般含蝉，因蝉的形态与人的舌头相似，一般认为"蝉性高洁"，蝉蜕变后会飞至高枝，所以古人希望死后能像蝉那样蜕变转世再生。

玉衣片和玻璃衣片：汉代盛行玉衣敛葬，据《后汉书·礼仪志》记载：汉代皇帝死后使用金缕玉衣，诸侯王、列侯、始封贵人、公主使用银缕玉衣，大贵人、长公主使用铜缕玉衣。这是封建等级制度在丧葬方面的反映。在丧葬用玉中还有用玉璧和碎玉片的。葛洪在《抱朴子》中说："金玉在九窍则死者为之不朽。"所以，扬州地区发现的有一定规格的汉墓中，都出土有玉衣片和玻璃衣片。用九窍玉、玉匣和玉璧、碎玉片随葬，表明古代人们对玉的崇拜已神秘化了。

另在仪征团山西汉5号墓内出土扁形条状玉鱼一对，置放在内棺盖上沿中部，这种现象在扬州汉墓中属首例，作何解释，尚待进一步研究，可能是汉代地方丧葬礼仪风俗的反映。

（四）生活用玉

历史上扬州汉墓多被盗掘，遗存的实用玉器发现很少。玉容器只出土2件，其中甘泉巴家墩西汉墓出土卮1件，为饮酒器。另一件辟邪白玉壶为甘泉老虎墩东汉墓出土，白玉质，立体圆雕，是一种稀世之宝。一般国内发现的辟邪均为行走状，而这件辟邪玉壶辟邪为踞坐状，头顶壶口置银盖，手托灵芝仙草，中腹镂空，可能是装丹药用的器具，作为工艺陈设品它也具有相当的艺术价值。甘泉姚庄102号西汉墓出土玉带钩2件，均为鹅形。玛瑙印3方，其中玛瑙虎钮印1方，出土于甘泉双山东汉广陵王墓，无字。汉代帝后才能用虎钮玉印，这方印虽无字，但亦作虎钮，根据墓主人的身份有僭制之嫌。另2件玛瑙印是甘泉姚庄102号汉墓出土，一件为玛瑙虎钮印，尺寸略小，无字。一件为小玛瑙印，印文"长乐富贵"。

（五）汉墓中出土的春秋战国时期玉器

扬州主要在甘泉巴家墩西汉墓等处出土一些汉代以前的玉器，品种有：云龙玉璜、夔龙玉觿、龙形玉佩、龙凤纹大玉璧改制璧，这些玉器从造型、纹饰等方面都反映出了春秋战国时期玉器的特点，其工艺主要采用浮雕、双勾阴线、圆圈纹和高浮雕技法。如甘泉军庄东汉墓出土的一件春秋玉璜，白玉质，为合身双夔龙首，身饰云纹，采用高浮雕、阴线刻技法，十分珍贵。春秋战国时期玉器和改制玉器在汉墓中的传存，说明了汉人对玉的珍惜。

对汉广陵国玉器有关问题的认识

（1）扬州汉墓出土的玉器，与王侯陵区有相当的关系

考古发掘和勘探资料表明，扬州汉代王侯陵区主要有三大区域：其一，在高邮神居山一带（南距汉广陵城遗址约42公里）。二十世纪八十年代初期发掘的高邮神居山1、2号"黄肠题凑"式大型木构汉墓，结构复杂，规模宏大，根据"广陵私府"封泥和木牍上"六十四年"等文字推定，墓主人为西汉广陵王刘胥及其妻子。周围亦发现有陪葬墓。其二，在邗江甘泉山一带（南距汉广陵城遗址约10公里）。1985年发掘的邗江杨寿宝女墩陪葬墓104号新莽木椁墓，墓内出土的铜鼎有"广陵服食官钉（鼎）第二"等铭文，由此推断墓主人为王族。而"宝女墩"大型汉墓的墓主有可能为西汉广陵王刘守的陵墓。1975年和1980年先后发掘了邗江甘泉双山1、2号东汉早期砖室大墓，根据2号墓中所出的"广陵王玺"龟钮金印，推断墓主人为东汉时期广陵王刘荆。1984年在甘泉老虎墩发掘了又一座大型东汉砖室墓，出土几件精美的玉器，根据墓葬规模推断，墓主人可能是东汉前期某代广陵侯。多年来在甘泉和杨寿一带发掘了许多西汉木椁墓和东汉砖室墓，邗江甘泉与杨寿相距很近，这一区域应是广陵国（郡）的又一陵墓区。其三，在仪征市张集庙山一带（东距汉广陵城遗址约11.5公里），有类似王陵的大墓，庙山顶部有人工堆筑的覆斗形土堆，南北长55、东西宽约40米。有关单位对此进行了勘探，发现其下有一座大型木结构墓葬，结合周围发掘的团山、舟山中小型女性墓葬推测，庙山大墓很可能为西汉江都王刘非的陵墓。此外，据文献和传说，荆王刘贾和吴王刘濞均葬于今镇江境内。

（2）汉广陵国玉器的装饰形态和纹饰

汉代广陵国玉器，以片状玉雕为多，制作时往往形与纹有机地结合为一体。如龙形、凤形、云形、螭形、鱼形、贝形、韘形和舞人形象等，均在造型相对到位的基础上再用阴线勾勒细部形象。微雕的立体作品有辟邪、羊、鸭、鸡、鸟、胜、工形饰、花蕊形饰、壶、珠、管等。圆雕作品有辟邪玉壶、玉人、玉

猪、鹅形带钩。此外还有柱状、三角形、菱形、亚字形、厄形器。广陵玉器的装饰花纹有谷纹、蒲纹、涡纹、绚纹、弦纹、圆圈纹、方格纹、云纹、鱼纹、猪纹、变体龙纹、变体对凤纹、变体对鸟纹等，十分丰富。汉代玉器的形态、纹饰和吉语铭文装饰不仅是为了美观，更重要的是具有礼仪、辟邪、祈求好运、压胜、祥瑞及象征身份地位等作用，是汉人各种思想、意念的反映。如"辟邪玉壶"，背饰双翼，是汉人"羽化升仙"思想的反映。又如，玉翁仲、司南佩、严卯具有辟邪作用。再如，谷纹玉璧具有礼天作用。另一种玉璧，内圈饰蒲纹、涡纹或谷纹，外圈饰龙凤纹。璧圆形像天，龙凤均为天上的神异动物，龙能兴云降雨，凤为百鸟之王又象征祥瑞。璧内圈表示大地，蒲纹象征植物，谷纹代表庄稼和粮食，涡纹似水，万物生长靠水。内外圈纹饰的设计，体现了天上、地上及人间意识的有机结合，寓意深长。

（3）汉广陵国玉器的工艺特征

广陵国玉器主要采用透雕、阴线刻、阴线游丝毛雕、浅浮雕手法。有些玉器采用高浮雕、圆雕和镂空技法。归纳起来，主要有三方面的特点：其一，丧葬玉器粗糙、简单。白玉制品雕琢精细、造型优美。白玉制品虽然多是扁平状，但通过透雕和阴线刻划细部相结合，造型显得活泼。如甘泉"妾莫书"西汉墓出土的龙凤纹韘形玉佩，中间韘形弯曲，上边饰回首龙形纹，下边饰变体凤，凤嘴部形成尖角状，运用透雕和阴线刻工艺，使整体造型优美，动态感强。同墓出土的玉舞人，亦采用透雕和阴线刻的手法，双面雕刻，线条流畅，制作精细，表面光润，舞人虽长裙甩袖，翩翩起舞，但重心很稳，给人以动态的艺术美；其二，浮雕、高浮雕、圆雕、镂空技法的运用。在西汉中期稍后至东汉中期墓葬中发现的几件玉器体现了这些工艺在汉代的发展水平。甘泉

"妾莫书"西汉中期墓出土的螭龙纹韘形玉佩，用透雕和浮雕技法制作，显得生动传神。甘泉老虎墩东汉前期墓中的"辟邪玉壶"是汉代广陵圆雕、镂空等制玉技法的杰作。高浮雕的作品较少，甘泉老虎墩东汉墓出土的玉剑格上饰蟠螭，为高浮雕工艺的代表作；其三，立体微雕玉器在西汉晚期的墓中与西湖胡场14号汉墓中有所发现。甘泉姚庄101、102号西汉墓和新莽墓棺内发现2组串饰，西湖胡场西汉墓中发现1组串饰，其中有许多立体微雕作品，它们均用1厘米左右的各种质料雕琢，塑造了各种可爱的动物和饰件，十分精美。

（4）关于广陵国玉器的地方特色

汉广陵国玉器多是当地生产的，当然也不排除有外地生产的可能性，因汉代玉器有用于赏赐、馈赠的情况。汉代京都生产玉器，各较大的诸侯国也生产玉器，这些从考古发现中也能得到证实。如广州南越王墓、河北满城中山王刘胜夫妇墓、北京大堡台汉墓、徐州楚王墓，均有大批玉器出土，其中一些玉器的造型及艺术风格等反映出一定的共性，但也有一些玉器工艺品具有明显的地方特色，如广陵玉器与相近的徐州楚王墓出土的玉器相比，便呈现出一些不同的特色：首先是制玉用料不同，徐州楚王陵出土的玉器大多用料较大，而扬州汉广陵国出土玉器大多用料较小；第二是琢刻的风格不同，徐州楚国玉器的琢刻风格一般雄浑豪放，体现出北方人的豪壮之气，而扬州汉广陵国玉器则大多琢刻精细，体现出秀而巧的水乡特色。扬州汉广陵国经济富强，是百工聚集的手工业生产基地，这些从汉墓中出土的漆器、玉器、铜器、金器等都可以得到证明。一些汉墓中出土许多殉葬碎玉，也正是手工业制作的旁证。汉代广陵玉器的特色主要有三方面：其一，精品玉器有独特的创意，造型新颖；其二，白玉制品雕琢精细，工艺纯熟；其三，立体微雕动物和饰件玉制品惟妙惟肖，别

具一格。下面举例略加阐述。

甘泉"妾莫书"西汉中期墓出土的龙凤纹璜形佩，质为新疆和阗白玉，整个造型以合体对称双龙首制成璜形，下饰如意云，上饰回首变体凤，采用透雕和阴线刻手法双面雕饰，十分秀美。汉玉中的同类作品，一般为云龙形，而这件作品于其上加饰一凤，冲破了绝对对称的格局，其造型别具一格，显示出一种活力。与同类作品相比，该佩玉质莹润，造型生动，线条流畅，工艺精湛，在全国西汉玉器中尚属罕见。

东汉"宜子孙"螭凤纹璧形佩，质为和阗玉，双圈璧形，璧内两边置双螭，中轴的出廓顶部置"宜"字，"子孙"二字置于圈内上下位置。"宜"字三边由变体凤相绕，凤曲成大半圆状，两面均采用透雕、浮雕、阴线刻等技法雕饰。细部用游丝刻小圆圈纹、羽毛纹，"宜子孙"三字为篆书。整体造型独特生动，雕琢精细，玲珑剔透，为广陵东汉玉器的杰作。国内汉代玉璧有吉祥语的并不多见，一般有"长乐"、"益寿"、"宜子孙"等，多作悬挂装饰，惟有这件与玉具剑伴出，作佩玉之用。一般的只在璧的出廓部分聚饰双龙和铭文，没有凤纹，璧体不透空，而这件璧形佩，"宜子孙"三字贯穿轴线，加凤饰，且运用多种工艺手法于一体，可见广陵玉器工匠的独特构思和创新追求。

出土于甘泉姚庄102号西汉墓的白玉蝉，质为新疆和阗白玉，头、身部略厚，边缘渐薄，造型准确，工艺纯熟，雕琢简练，正面双翅挺拔，腹下鸣腔和腹尾节清晰，蝉体平洁晶莹，抛光技艺可谓达到了顶峰，从玉质、造型、工艺水准来看，此蝉应该代表了西汉广陵玉器工艺的最高水平。

东汉辟邪白玉壶，为甘泉老虎墩东汉前期大墓出土。在汉代玉器中的辟邪一般作行走姿态，有的背置插座，而这件辟邪玉壶，创意奇妙，设计成踞坐姿态。其右手托灵芝仙草，左手撑地，张口露舌，胸背圆浑丰满，背饰双羽。该辟邪集圆雕、镂空、浮雕、阴线细刻等手法通体雕琢，尾足亦雕琢得十分清晰，当为稀世之宝，弥足珍贵。

扬州西汉和新莽墓出土的3件微雕串饰在同时代的玉器中也极为少见。微雕中的立体动物雕琢简练，颇具地方特色。

（5）汉广陵国玉器是广陵盛行厚葬和经济富强的反映

汉代是中国历史上的黄金时代，西汉初期稳定发展，到了汉武帝时期，"京师之钱累巨万，贯朽而不可校。太仓之粟陈陈相因，充溢露积于外，至腐败不可食"（《史记·平准书》）。社会财富的大量积累，给玉器的生产创造了有利的条件。广陵是重要的诸侯国，经济的发展与汉王朝相似。西汉中期至东汉前期厚葬之风盛行，西汉流行木椁墓，东汉流行砖室墓。西汉王侯陵墓木椁结构复杂，规模宏大，如高邮神居山1、2号陵墓，计用楠木数百立方米，一般中小型墓葬用楠木或杉木也在5～30立方米。东汉王侯砖室墓一般建筑面积100多平方米，还筑有高大的封土堆。两汉墓葬出土文物

邗江甘泉老虎墩东汉墓出土"螭龙环形玉佩"时的情景

丰富，主要有金属器、陶瓷器、漆木器等，虽然多数墓葬有被盗的情况，但大墓通常还能出土玉器约20~30件，中型墓中也会出土一定数量的玉器。《搜神记》说："吴孙休时，戍将于广陵掘诸陵，取板以治城，所坏甚多。复发一大冢……破其棺，棺中有人，发已斑白，衣冠鲜明，面体如生人。棺中云母厚尺许，以白玉璧三十枚藉尸。"如果汉墓不遭盗掘，随葬用玉的数量一定相当可观。扬州出土西汉早期玉器较少，出土西汉中期至东汉早期玉器较多，而且品种丰富，用途广泛，白玉制品工艺精湛，并相继出现了一些新品种。汉代用玉殉葬的原因一是汉人认为玉可使尸体不腐，二是封建等级制度和孝道思想的反映。出土的汉广陵玉器从一个侧面反映了广陵厚葬之风盛行。玉器的制作是需要大量费用的，而且扬州没有玉料，广陵玉器中的许多玉料来源于较远的新疆地区，因此汉墓中用大量的玉器随葬，折射出了扬州汉代诸侯王国经济的富强。

汉代玉器是中国玉文化的又一繁荣发展时期，在玉文化发展史上具有承前启后的作用。汉广陵国玉器的面貌亦大体符合这一基本规律，在继承春秋战国玉器工艺的基础上，出现了崭新的面貌。广陵早期玉器多继承战国遗风，西汉中期以后逐步形成了汉代玉器的风貌，不仅数量多，而且品类丰富，产生了许多新品种，并且这些玉器中装饰玉器占了主导地位。工艺技法上，透雕工艺普遍使用，阴线刻、浮雕和高浮雕、圆雕、镂空、微雕等手法并用，使玉器制作更加精良。构图方面，汉代玉器在对称格局中寻求变化，灵活运用了"S"形结构，尤其在龙、凤、螭身躯变化上使用得非常成功。扬州汉墓出土的玉器从一个方面反映了汉代上层社会的思想意识和地方习俗，而它呈现出的秀巧典雅、莹润精细的艺术风格则开创了后代扬州传统玉雕工艺的先河。所以，汉广陵国出土玉器不仅对研究汉广陵国的历史文化有重要价值，而且对我们研究中国玉器文化发展史以及玉器文化在扬州的区域性特点都有十分重要的意义。

2002.10.20 于扬州天宁寺内

注释

[1] 扬州博物馆：《扬州西汉"妾莫书"木椁墓》，《文物》1980年12期。

[2] 南京博物院：《江苏邗江甘泉二号汉墓》，《文物》1981年11期。

[3] 扬州博物馆：《江苏邗江县老虎墩汉墓》，《文物》1991年10期。

[4] 扬州博物馆：《江苏邗江县杨寿乡宝女墩新莽墓》，《文物》1991年10期。

[5] 扬州博物馆：《江苏邗江姚庄101号西汉墓》，《文物》1988年2期。
扬州博物馆：《江苏邗江县姚庄102号汉墓》，《考古》2000年4期。

[6] 南京博物院：《江苏仪征烟袋山汉墓》，《考古学报》1987年4期。

[7] 南京博物院等：《仪征张集团山西汉墓》，《考古学报》1992年4期。

天长三角圩桓平墓玉器

◉ 赵树新

天长位于安徽省东部，三面被江苏环抱，有安徽"飞地"之称，汉时为广陵、高邮两县之地，部分境域属江都县。广陵、高邮先后隶于荆国、吴国、江都国、广陵国、泗水国、广陵郡，境内遗存汉代墓葬多处。1975年，曾于城北安乐乡北岗村清理汉墓16座，出土文物443件，其中，连云纹青玉环、玉舞人佩、彩绘鸭嘴盒等器物的出土受到人们的关注。1991年冬于东郊三角圩水利工地发现汉墓群，计清理墓葬25座，出土文物749件。这批墓葬出土的文物以其数量众多、品种丰富、制作精巧、资料完整而享有盛誉，被列为1992年全国十大考古新发现之一，其中主墓桓平墓出土玉器90件，本书所辑录的26件三角圩出土的玉器均出于桓平墓中，现选择桓平墓部分玉器就相关问题作一评介。

桓平墓玉器的分类

桓平墓玉器简要地可分为礼玉、装饰玉和丧葬玉三大类。

玉璧是桓平墓礼玉中惟一的一个品种。璧是古代最重要的玉器，其使用年代之长、品种之多是其他玉器不能相比的。汉代玉璧不仅仅局限于礼仪上使用，还可以作为佩玉和随葬用品。桓平墓共随葬玉璧7块，外径最大为23厘米，最小9.5厘米，出土时置于死者的胸部，有青玉、白玉两种质地，一般在蒲纹之上

饰涡纹，排列整齐，涡纹尾部长短一致，不同的是有的璧涡纹是平面阴线刻划，有的是运用减地浅浮雕手法，这些均可视为战国晚期或汉初的标准器。其中最大的夔龙纹青玉璧，内区为蒲纹，外区为四组变形龙纹，这种纹饰在汉代玉璧中尽管较为普遍，但此璧玉质纯净，清澈透明，当为汉代玉璧中精品。

装饰用玉在桓平墓中所占的比例较大，其中一组龙形佩饰，注重神态和气势的刻画，气韵生动，较为典型。环形白玉龙构思奇妙，造型秀美，重在刻画龙的头部，其眼、角、鬃、唇等表现细致入微。龙体去掉了战国龙身的华丽装饰，是繁与简成功结合的典范。龙形白玉佩，器呈"S"形，动态大，气势足，构图清新，有一种力量无穷的感觉。器身打圆，刀痕处磨光，虽为片雕，浮雕感却较强。龙形勾云纹青玉佩，龙体弯曲，翘尾拱身，双岔尾，杏圆形眼，浅浮雕纹饰。该玉龙没有战国龙所常见的凶猛，其嘴微张，下唇略卷，回首顾盼，表现出它所特有的憨态。

玉璜是桓平墓中遗物较多的一个品种，计7件，不少器物都有磨损，器身有把玩的痕迹，因而把它归类为佩饰来介绍。桓平墓玉璜从时代上看，春秋1件，战国4件，西汉2件。值得一提的是双龙首夔龙纹白玉璜，这件璜为一件改制品，双龙首并不完全对称，一面用双勾线雕出三排夔龙，线条纤细流畅，纹饰

中出现春秋中晚期流行的反向斜刀技法。另一面用减地法雕出夔龙，不见温柔缠绵风格，线条较粗，纹饰底部抛光较为光亮，形成战国器物光洁明亮的特殊效果，同一件玉器正反两面纹饰的时代特点、风格鲜明尚属少见。

在桓平墓的装饰器中有几件玉器刻有数字符号，其中有一件白玉牙环。清吴大澂将此类有齿牙的异形璧定名为"璇玑"，推测是天文仪器中的构件，可以旋转。夏鼐先生等否定此说，认为它是一种边缘有装饰的环，古代工匠们喜欢在玉器边缘雕有齿牙状的扉棱。此件牙环有双齿牙，对称而置，不能向同一方向旋转，它进一步证实了此类玉器是可以旋转的玉璇玑一说是不符合实际的。在牙璧的边缘上阴线刻有"上十二"三字，小如蝇头，字迹清晰。在出土的谷纹白玉环上有"上八十八"，青玉璜上有"△八十十"等字迹。杨伯达先生认为从秦时起，刻有数字的玉器多为宫廷用玉，常常作为赏赐品。这样，不难解释出桓平墓中能够随葬大量玉器的原因了。

古人认为玉是自然界的精华，能够和自然界的神灵相通，因此许多墓葬尸体防腐的方法都采用玉，实为谬误，也正因为如此，出现了玉器类别的新品种——丧葬用玉。葬玉的作用被认为是防止精气外泄，护身防腐，无装饰功能，故多数素身无纹。桓平墓出土了一套七窍用玉，惟有玉蝉的雕琢，刚劲简练，颇有"汉八刀"之风范。这套玉饰有鼻塞、耳塞、眼盖等，其中墓主口中除玉蝉外，还有玛瑙珠一粒，同时有两件口琀的葬俗尚属少见，不知有无其他特殊含义。

此外值得一提的是桓平墓中还出土了面罩嵌玉，计41片，形状各异，钻孔亦不尽相同，出土时，都嵌放在腐木片上，部分还有木质钉具，散落在墓主头部，同时嵌放在腐木之上的还有兽面玉饰等。同墓中女棺面罩因未嵌玉装饰，故木面罩完整地保存下来。这些玉饰在面罩上排布当有一定规律，有待今后进一步去认识和了解。

桓平的印章及桓平墓的年代

桓平墓共出土5枚印章，其中银印2枚，玉印、铜印、木印各1枚。"桓平之印"玉印为白文篆书，在秦汉官印系统中，玉印是身份地位的绝对象征，《后汉书·徐璆传》称："秦以来，天子独称玺，又以玉，群下莫得用。"《汉旧仪》：汉帝六玺，"皆白玉，螭虎钮"，"皇后玉玺，文与帝同。"由于秦汉时百官印不可用玉，所以这个时期的玉质官印都不可能是实用印，应是作为殉葬印出现的。

天长市三角圩汉墓发掘现场

桓平墓有两枚银印，一枚为瓦钮白文"臣平"印，另一枚为龟钮朱文"桓平私印"。西汉时期有使用银质官印制度，《汉书·百官公卿表》中明确记载："凡吏秩比二千石以上皆银印青绶。"从考古实物中看，西汉秩比二千石官印有银质亦有铜质，而桓平秩比四百石，当不该使用银印，是桓平僭越抑或古籍记载的局限也就不得而知。桓平在一枚银印中使用龟钮，另一枚铜印中也使用龟钮。在汉代，龟是人们十分喜爱的一种动物，《汉旧仪》对龟钮印作出这样的诠释，"龟者阴物，抱甲负文，随时赘藏，以示臣道，功成而退也。"龟钮印遂成为汉代有爵号者印章的一种主要形制。

桓平墓中还出土了一枚木印，它的发现为确定墓主身份及墓葬年代提供了较为可靠的信息。印文为"广陵宦谒"，谒者按汉制乃是"掌宾赞受事"的官员，即朝廷司掌礼仪之事的官，宦谒原为西汉皇后的宫宦，后来诸侯王王后亦仿设，广陵国就有了桓平这个谒者，宦谒之官因设置时间不长就改为中宫谒者，因此可以这样认为桓平为广陵王的中宫谒者。在广陵王世系中，有厉王胥、孝王霸、共王意等六位广陵王，其中厉王胥在位时间最长（公元前119～公元前55年），达65年之久，是汉代帝、王中在位时间最长的，有设置宦谒的可能。胥是武帝之子，昭、宣二帝即位时，对他恩宠有加，据《汉书·昭帝本纪》记载，曾一次性"赐钱二千万，黄金二千斤"，广陵王刘胥拥有的财力是其他广陵王不能相比的，因此桓平也能够敛得资财。当然桓平墓年代定位还有墓中其他出土文物相佐证，就墓中玉器而言，器形、纹饰特点最迟都在汉初，这和上述的推断也是不矛盾的。

桓平墓玉器的特点

从年代上看，玉器的年代早于墓葬的年代。桓平墓的年代为昭帝、宣帝时期，墓中随葬有春秋、战国玉器，以战国玉器为多，一方面说明玉雕制品的更新换代非常缓慢，或者说古人有佩带旧玉或使用旧玉随葬的习惯。

从玉材、玉器的来源看，尽管桓平墓玉器不乏精品，就整体而言，材质相差悬殊，质料上佳的有云龙纹白玉带钩、白玉蝉，均为羊脂白玉；玉具剑所配的4块玉有白玉、青白玉、青玉，有的纯度很高，有的含有杂质斑点，很不统一；面具嵌玉近乎用各式边角料拼凑而成。桓平利用特殊身份地位除享受王室馈赠外，有中饱私囊之便利，这样就不难解释出桓平墓的玉器，就个体而言精致耐看，整体上显得杂乱无章，不成体系。

改制玉大量地使用，青玉佩饰是残缺韘形玉佩改制而成，一面纹饰具有西汉风格，一面纹饰具有战国特点；谷纹白玉璧上明显有纹饰叠加的痕迹，除此之外还有凤形青玉佩、夔龙纹白玉璜等近10件，表明墓主珍惜旧玉，也可能是桓平利用广陵王王室中残次玉件进行再加工而据为己有，把玩，这也就呼应了上述观点。

桓平墓玉器整体风格上呈现出造型精致灵巧、纹饰细腻流畅的特点。云龙纹白玉带钩阴刻线条细若游丝，弯曲有度，构图极其准确，是其中杰出的代表，其他玉器也多具有装饰性、观赏性的特点。

此外还出土了一些珍稀别致的玉件和纹样，如心形草叶纹青玉饰中的草叶纹、双龙首白玉璜中的几何纹、玉具剑剑首中的如意柿蒂纹、谷纹白玉牙环等，颇具地域特色。

总之，三角圩桓平墓历史上未经盗扰，有具体的发掘记录和确切的年代依据，为我们多方面了解和研究汉代及前期玉器提供了宝贵的实物资料。

扬州出土汉代玉器替代品
——玻璃器的研究

◉ 周长源

汉代扬州先后称吴、江都和广陵。在刘邦亡秦灭楚后，广陵曾长期用作诸侯王封地，并多次作为诸侯国都城。吴王刘濞都广陵后经济发展，吴国"国富民众"[1]、"国用富饶"[2]，呈现了"车挂辖，人驾肩，廛闬扑地，歌吹沸天"[3]的经济繁荣文化昌盛的景象。

二十世纪六十年代以来，随着扬州农田水利和基本建设工程的进展，一批批汉代士民冢墓、王侯陵寝被发掘出来，其中高邮天山黄肠题凑式木椁墓[4]、"妾莫书"木椁墓[5]、宝女墩木椁墓[6]、甘泉姚庄102号墓[7]、广陵王刘荆砖室墓[8]、老虎墩砖室墓[9]等都是较为重要的发现。这些汉墓出土了品类繁多的汉代文物，伴随玉器出土并作为它的替代品的玻璃制品便是这些汉代遗物中的一颗璀璨奇葩。

玻璃，我国古代史书称"琉璃"、"流离"。我国汉代玻璃主要发现于湖南、广东、广西和江苏等地，而江苏则以扬州为主。扬州出土汉代玻璃制品数量大、品种多，并有国产玻璃和进口玻璃两种，其中少数为舶来品，多数为国产品。国产玻璃品种齐全，甚至有的品种为国产品所独有，而且装饰工艺也有独特之处。进口的品种通常很稀有，其中不少玻璃品颇具特色，为世人所关注。出土玻璃器的颜色有白色、灰白色、蓝色、黄色等，品种多达19种，可分为3类：丧葬品有衣片、琀、眼盖、耳塞、鼻塞、阴塞和肛塞；装饰品有瑱、珠、鸽

形穿饰、剑首、剑格、剑珌、剑璲、漆奁嵌饰和漆面罩嵌璧、环饰等；实用器皿有钵和杯等。此外还有数件玻璃璧不宜归类。出土的进口玻璃器皿，对研究古代扬州对外友好交往和贸易往来都具有十分重要的意义。汉代国产玻璃衣片以及其他制品的出土，对研究我国古代玻璃发展史也具有极其重要的价值。下面对扬州出土的汉代进口玻璃器皿和国产玻璃制品作一探讨和研究。

一 东汉墓出土的古罗马玻璃器皿

早在我国西汉时期，地中海沿岸的古罗马就已经是世界玻璃生产中心之一。东汉时期我国与之有着密切的贸易和友好往来。1980年扬州邗江甘泉双山2号东汉墓和1984年邗江甘泉老虎墩东汉墓先后出土的古罗马玻璃器皿，就是有力的实物证明。

邗江甘泉双山2号东汉墓出土的3块搅胎玻璃钵残片，紫色和乳白色相间，类似大理石花纹，模压成型，外壁有辐射形竖凸棱作为装饰。经中国科学院上海硅酸盐研究所分析认定为钠钙玻璃（表一），这是比较典型的古罗马玻璃，在我国出土汉代玻璃器中很少见到，实为珍贵。

另外，距离甘泉双山2号墓较近的老虎墩东汉墓出土1件玻璃杯。杯为侈口，圆柱体，球形底，表面风化，质地酥松呈颗粒状，

三种古代玻璃化学成分的对比（%）

成分\样品	SiO$_2$	Al$_2$O$_3$	Fe$_2$O$_3$	CaO	MgO	K$_2$O	Na$_2$O	MnO	CuO	SO$_3$
老虎墩汉墓玻璃杯片	68.37	1.76	0.61	4.62	0.79	0.48	16.01	0.58	2.88	/
双山2号汉墓玻璃钵片	64.29	3.44	1.30	7.66	0.61	0.88	18.18	2.45	0.03	/
古罗马暗蓝色玻璃	63.20	3.77	1.54	7.10	2.20	1.34	16.57	1.38	1.18	1.53

翠绿色，口径7.8、残高9.2厘米。杯碎粒经中国科学院上海硅酸盐研究所张福康先生作了定性分析也是属钠钙玻璃系统（表一）。

化学测定的结果表明，玻璃钵和杯的化学成分都与古罗马玻璃成分相近，而明显不同于当时我国自制的铅钡玻璃成分，因此进一步证明扬州出土的这两件玻璃器均是从古罗马输入的，这是我国已经发现的为数极少的早期输入的外国玻璃器皿。

《汉书·地理志》有武帝时使人入海市琉璃的记载。又《后汉书·西域传》有大秦（古罗马）"土多金银奇宝，有夜光璧、明月珠、骇鸡犀、珊瑚、虎魄、琉璃、琅玕、朱丹、青碧"的记载。我国出土两汉时期的进口玻璃器多集中于广州、广西和扬州等沿海地区，出土的古罗马玻璃实物正与文献记载相吻合。扬州出土的二件进口实用玻璃器皿分别出自广陵国诸侯王刘荆及其贵族墓，可见玻璃器是十分昂贵的奢侈品。扼江淮要冲的汉广陵，是国内盐、铜、鱼的集散地，也是对外贸易的重要港口。东汉时期古罗马的玻璃器皿很可能通过海上"丝绸之路"进入扬州，当然也不排除通过陆上"丝绸之路"辗转进入扬州的可能性。两汉时代正是古罗马帝国玻璃制造业繁荣发展之际，甘泉双山2号东汉刘荆墓出土的类似大理石花纹和带凸棱条纹的进口玻璃钵残片与扬州出土的国产玻璃品和河北省满城西汉刘胜墓出土的国产玻璃盘、耳杯相比，不仅成分不同，而且在花纹、色彩、制作工艺上，都存在着较大的差距，表明当时国产玻璃落后于古罗马玻璃，罗马玻璃的进口，无疑大大促进了中国玻璃的发展。

二 汉墓出土的国产玻璃品

（1）西汉玻璃衣片

1977年于邗江甘泉山西北麓清理了"妾莫书"木椁墓，第一次出土完整和比较完整的玻璃衣片近600块，另有许多严重腐蚀、疏松如泥的衣片。简报刊登后，建筑材料科学研究院程朱海先生和笔者撰写并发表了《扬州西汉墓玻璃衣片的研究》一文[10]。

1985年邗江杨寿宝女墩木椁墓，第二次出土了"玻璃衣片约19块，大多为残片（出土于盗洞内）。"中国科学院上海硅酸盐研究所张福康先生和笔者撰写并发表了《对扬州宝女墩出土汉代玻璃衣片的研究》一文[11]。继两次出土衣片之后，扬州又在以后发掘的两座汉代墓葬中清理出了玻璃衣片，资料都未发表过，这两次分别是：

1991年12月于邗江甘泉巴家墩发掘的西汉中型墓葬，墓虽然被盗严重，但是仍然出土有十分精美的玉器和铜器等文物。因人为的破坏和腐蚀严重，玻璃片无一块完整出土，有的多块玻璃碎片粘连叠压，同时伴出 2 块长 4.2、宽 2.5 厘米的玉衣片，这种情况尚属首次。发掘者王冰先生认为"小片玉衣片以补琉璃衣片之不足"[12]。玻璃片以素面为多，少数饰勾连云纹。

1993 年 10 月于扬州市郊平山乡西汉晚期被盗木椁墓出土残存玻璃片 20 余块（发掘者李则斌先生怀疑是枕片）。其形状有长方形、菱形和心形，分素面和纹饰两种。纹饰有白虎星辰纹、勾连云纹、柿蒂纹和菱形纹四种。其中白虎星辰纹和柿蒂纹与宝女墩衣片纹饰相似，勾连云纹又与巴家墩衣片纹饰相似，而菱形和柿蒂纹又与大英博物馆藏衣片纹饰相似。菱形和心形衣片为以往国内玻璃衣片所未见。纹饰片贴金箔，与"妾莫书"衣片装饰相同。长方形片每块长 5.6、宽 4.4 厘米，大多数四角穿孔，只有 2 块无穿孔，或二孔穿而未透。值得注意的是其中一块白虎星辰纹片正面墨书隶体"章持人□"铭文，实为珍贵。衣片表面多数因严重腐蚀而呈灰白色，少数轻微腐蚀的内芯质坚硬，略有透明感，无色。经中国科学院上海硅酸盐研究所分析认定为铅钡玻璃（表二）。

扬州甘泉"妾莫书"、杨寿宝女墩、甘泉巴家墩和市郊平山乡四处墓葬，都出土了属同一时期、同一质地、同一用途的玻璃衣片。衣片质地新奇，纹饰片贴金箔，装饰独特，国内前所未见。后两次衣片的出土，又为研究玻璃衣片的形状和纹饰增添了实物资料，十分难得。

以上四位墓主人墓葬的规模大小和随葬品的数量均有大小与多少之分，殓服的质地也有所不同，这是因墓主人的身份高低决定的。大型墓葬的墓主广陵王刘胥以玉衣作为殓服，中型墓葬"妾莫书"等墓的墓主则以玻璃衣作为殓服，还有中型墓葬巴家墩墓的

主人是以玻璃衣片和玉衣片合用作为殓服的。显而易见，广陵国之王刘胥身份最高，所以使用最佳的玉质衣片。

扬州出土的玻璃衣片均为模铸板块玻璃，与河北满城出土的玉衣片相比，扬州出土的除圆形、菱形、心形特殊形状外，基本形状为长方形，编缀方法似与满城的无差异。很明显，这是按照玉衣的形制而模铸的玻璃代替品。根据扬州的考古发现可知，它是西汉中晚期流行的一种特殊的殓葬形式，玻璃代替品是在广陵辖境内出现的新品种，应该是王族或贵族阶层既可避免越制之嫌，又可享受高等级的殓葬待遇而采用的一个很有可行性的方法。或者当时玉材贵重或缺乏，便选用玻璃衣来替代玉衣以满足个人厚葬的奢望。

扬州出土的玻璃衣片只限于西汉中晚期，至东汉，由于玉衣的消失，而作为它的替代品的玻璃衣也随之消失。这些玻璃片的化学组成经过分析，结果表明都属于 $PbO - BaO - SiO_2$ 系统。

（2）汉代其他玻璃制品

扬州除多次出土玻璃衣片外，还陆续出土汉代其他玻璃制品，大都属于装饰品和丧葬品之类，数量众多，既有新出土的，又有早年出土的而新发现的新工艺装饰玻璃品。

邗江姚庄 102 号墓新出土的鸽形玻璃穿饰是和紫晶葫芦、琥珀兽、煤精羊、玛瑙枣核形穿管等不同质地的小件饰品穿连在一起的，为妇女腕部装饰品[13]。它长 1.5、高 1.7厘米，从侧面至底部，有一斜穿孔，形神兼备，是目前扬州发现时代最早的微型玻璃装饰品。

早年出土而新发现的 3 件玻璃蝉，装饰别出心裁，风格独具。扬州出土玻璃琀、塞数量最多，这是当时当地"士"和"平民"死后普遍使用的丧葬品。在众多无装饰的玻璃蝉中，嵌贴银箔玻璃蝉尤显突出。它高

5.2、宽 2.9 厘米，为灰白色玻璃质地。背部突出，腹部低凹明显，平头。头颈之间以一道浅阴线分隔。身部双翼有阴槽加以分隔。头颈中部和双翼上均分别贴有大菱形纹饰一组。每组纹饰均是用正方形小银箔 5 片均匀规律地分贴组合而成。银箔的每一个菱角皆统一向上，整体组合形成一个大菱形纹。所贴银箔略高于平面。在肩和身部阴槽内则分别嵌贴条形银箔。蝉眼处留有贴银箔的明显痕迹，此蝉 1988 年出土于扬州市发电厂汉墓男棺内。另一件嵌银箔玻璃蝉，1979 年出土于扬州市东风砖瓦厂汉墓。高 5.4、宽 3.1 厘米，其纹饰及工艺装饰与前件相似。这两件嵌贴银箔玻璃蝉头形区别是一为平头，一为凸头。

表二 **扬州出土国产玻璃的化学组成**

编号	出土地点和名称	外观特征	SiO₂	PbO	BaO	P₂O₅	I.L	CaO	MgO	K₂O	Na₂O	Al₂O₃	TiO₂	Fe₂O₃	MnO
G52	扬州邗江"姜莫书"西汉木椁墓玻璃衣片	衣片内层未腐蚀，质硬，略有透明感，无色	34.83	42.98	17.38	—	1.03	0.36	0.01	0.08	2.16	0.18	0.01	—	0.01
G52W	扬州邗江"姜莫书"西汉木椁墓玻璃衣片	衣片外层严重腐蚀，质疏松，不透明，灰白色	22.56	58.10	1.55	4.96	—	1.50	0.01	0.01	0.06	0.17	0.01	0.48	0.02
G51W	扬州邗江"姜莫书"西汉木椁墓玻璃衣片	衣片外层严重腐蚀，质疏松，不透明，灰白色	18.02	62.39	0.21	4.38	10.32	1.65	0.01	0.01	0.03	0.08	0.01	0.44	0.02
G53	扬州邗江"姜莫书"西汉木椁墓玻璃衣片	衣片内层未腐蚀，质坚硬，略有透明感，无色	36.15	39.11	20.01	—	1.52	0.25	0.02	0.05	2.11	0.04	0.01	—	0.01
G89W	扬州邗江宝女墩汉墓玻璃衣片	衣片内外通体严重腐蚀，质疏松，不透明，灰白色	37.72	43.28	0.96	5.04	10.42	1.10	<0.1	0.01	0.83	0.19	0.02	0.32	0.01
G932	扬州平山乡丁未村杨庄出土西汉晚期玻璃衣片	衣片外层受腐蚀，内层未腐蚀，质坚硬，略有透明感，无色	34.70	40.85	15.97										
G933W	扬州邗江胡场7号汉墓玻璃璧	严重腐蚀，质疏松，灰白色		71.80	1.03										
G94W	扬州巴家墩西汉墓玻璃衣片	衣片内外通体严重腐蚀，质疏松，色灰白	16.33	64.16	0.56										
G931	扬州邗江西湖前庄出土战国玻璃璧	外有纹饰，质地坚硬，有玉器质感	36.48	44.36	9.05			1.68	0.33	0.20	3.40	1.02	0.01	0.11	0.01

注：在风化较深的衣片中，电子探针还测出 Cl⁻ 和 S²⁻ 的存在，数量都为 0.X%。

其表层颜色一为灰白色,一为黑色。还有一件包银箔玻璃蝉也很为人关注。它长5.6、宽2.7厘米,为半透明玻璃。其银箔由于受腐蚀,部分严重氧化,部分轻度氧化,但仍牢牢地贴附于蝉面,玻璃由于受到银箔的保护,而未受到腐蚀,色呈乳白,如初出新品。这件蝉1988年出土于邗江西湖胡场6号汉墓。

1996年于郊区西湖胡场发掘的木椁墓群出土1件嵌饰玻璃璧、环的彩绘漆面罩和1套玻璃剑饰,出土位置清楚,用途明确。

彩绘漆面罩内顶壁、左壁和右壁嵌饰玻璃璧各1块,还嵌饰素面玻璃环多块。璧直径为12.5~12.8厘米。其形状和纹饰相同,为单面纹饰,即在蒲纹之上饰乳丁纹,内缘和外缘各有一道宽弦纹。环素面,分直径3.6厘米和4.1厘米两种。璧和环在乳白色表面均有黑色粉末层。历年以来邗江、仪征、天长等地汉广陵辖境内出土过漆面罩近20件,其装饰或素面,或彩绘,或镶嵌鎏金铜饰并彩绘,或贴金银箔彩绘,或嵌各式玉片。今又添嵌饰玻璃璧、环品种。漆面罩在我国流行有着地域局限,惟见于江苏、山东等地。江苏扬州发现面罩数量很多,就嵌饰玻璃璧、环的彩绘面罩品种而言,目前在扬州出土面罩中属孤例,颇为新鲜奇特。玻璃璧、环和玉璧、玉环用途相似,除常见为传统的"礼仪"用器、挂饰之外,今见扬州西湖胡场14号汉墓出土的玻璃璧、环是作为漆面罩的镶嵌物,增加了我们对璧、环用途的认识,丰富了漆面罩的内容。

玻璃剑饰我国湖南出土的时代最早,为战国时代,且以单件为多,同出饰件最多的只有剑首、剑珌和剑珥(璏)三种,遗憾的是缺少剑格,至今我们仍未见到有组合成套的玻璃剑饰出土。高至喜先生认为"春秋战国时期,人们喜欢随身佩剑,并爱用玉装饰。在出土文物中,常常可见玉剑首、玉剑璏、

玉剑珌,但用玻璃作剑佩者仅见于楚地,其中主要在南楚地区,集中在长沙一带,可能是由于用玻璃作剑饰易于破损,故仅在战国中晚期的较短时期内的局部地区使用,至汉代玻璃剑饰已经很少见到,又大量地使用玉作剑饰了。"[14]的确,汉代玻璃剑饰出土很少,而玉质剑饰颇多。扬州曾出土过单件玻璃剑璏。1996年于市郊西湖胡场13号西汉墓出土有首、格、珌和璏四品种成组的玻璃剑饰,格外稀见。剑饰玻璃均为乳白色,纹饰均为模铸阳纹。首呈圆饼状,直径4.2厘米。正面从边缘到中心逐渐低凹,在一圆圈纹中心有一乳丁,四周饰对称柿蒂纹。其外为三道排列有序且又密集的乳丁纹。在柿蒂纹与乳丁纹之间又以两道弦纹分隔。背面有0.6厘米高的圆柱,以便与剑基相接。其玻璃光泽极强,纹饰明显受楚文化影响。格长5.9、宽2.3厘米,两面均饰对称云纹。珌平面呈梯形,长5.2~5.8、宽3.1厘米,素面。底部有一个圆形孔,深1.6厘米,以便插物与剑鞘相接。璏长6.1、宽1.9、高1.2厘米,呈长条形,两端微卷,下有长方形穿孔,用以穿带。纹饰为阳纹蟠螭,正面头形上有双眼、双耳。伸腿。身弯曲呈"~"形。头上长出特长的分岔角。此剑饰组合成套,保存完好,在西汉玻璃剑饰中可谓凤毛麟角。

三 对扬州出土汉代国产玻璃品的生产工艺、产地及特点等问题的探讨

(1)汉代我国国产玻璃大致可分为高档品和中、低档品两类。扬州贴金箔板块玻璃衣片属高档品,河北满城刘胜墓的玻璃杯、盘也应纳入高档品之列。国产玻璃品除极少数属高档品外,多数为中、低档品。扬州出土品种有珠、鸽饰、剑首、剑珌、剑格、剑璏、璧、塞、琀和漆面罩嵌璧、环饰及漆器嵌玻璃饰等,为少数中层人士使用。一般平

民也能使用上塞、玲小件玻璃品，可见当地使用和随葬玻璃品，具有一定的普遍性。老虎墩汉墓玻璃器皿与辟邪玉壶、"宜子孙"玉璧和蟠螭纹玉环同存伴出，又姚庄102号汉墓的鸽形玻璃穿饰与其他玉石饰品穿连在一起，说明汉代人十分钟爱玻璃饰品，并视同"宝器"、"宝物"。因此，玻璃器常作为玉、宝石类的代用品与玉器、水晶器、玛瑙器伴出和并用。凡是扬州汉墓中能见到的玉器种类，除实用器皿外，都能见到相应的玻璃制品，如衣片、璧、剑饰、蝉、塞等玻璃品，以此来代替玉器。

（2）玻璃品是在制作好的范模内浇铸玻璃液模铸而成的。在同一座墓中，同一类型的玻璃衣片长、宽、厚的尺寸相等，特别是衣片的纹饰相同，纹饰边沿无棱角，纹饰深浅一致和留有模铸痕迹，而无人为的雕刻痕迹。如玻璃璧嵌饰的正面纹饰光滑、清楚、有光泽，背面纹饰则无光、模糊、粗涩。嵌银箔玻璃蝉的正面纹饰清楚，背面有明显低凹的现象，这可能是因为玻璃浇铸后冷缩的结果。成批板块玻璃和众多其他玻璃实物的出土，证明西汉扬州已经具备生产玻璃品的能力，并达到了一定的规模和水平。

（3）从考古资料看，扬州、广州、广西、湖南等地都是汉代玻璃品发现集中的地区。扬州出土西汉国产玻璃品以铅钡玻璃为主，还有少量 K_2O-SiO_2 玻璃。这其中又以板块玻璃和小件玻璃品为主，器形和纹饰都具有中国传统的民族风格。除此之外，它们又具有明显的个性即地方性。如成批玻璃衣片惟在扬州多次出土，可以认为扬州在生产板块玻璃中占有重要的地位，板块玻璃是本地流行的品种。玻璃衣片贴金箔，玻璃蝉嵌贴银箔和包银箔的装饰工艺，无疑是受铜器和漆器等镶嵌、嵌贴工艺的影响和启发而出现的玻璃装饰新工艺、新品种，这是扬州玻璃饰品的一大特色。鸽形穿饰和成套组合的玻璃剑饰尤其是漆面罩的嵌饰玻璃璧、环在国内玻璃饰品中尚属罕见，与上述玻璃品一样都具有鲜明的扬州地方特色。

我国出土汉代板块玻璃衣片的实例屈指可数，至今除扬州出土4例之外，还见大英博物馆收藏1例。宿白先生在《中国古代金银器和玻璃器》一文中赞美它是"公元前一世纪东方玻璃铸件的代表作。"[15]

（4）美国 I.L.Barnes R.H.Brill E.C.Deal 的《中国早期玻璃的铅同位素研究》[16]一文中引用了"陈毓蔚等人报道铅同位素比率最高值的矿是在辽宁凤城、吉林集安和新疆，而铅同位素比率最低的矿是在安徽、贵州、广西、云南和西藏等地。"据《太平寰宇记》称："天长县本汉广陵县地。"即今天长市所在地。1991年底安徽天长发现西汉早、中期墓葬群，1号墓出土"广陵宦谒"印，可证墓主人桓平"应是广陵国时期的谒者属官，为广陵国王刘胥身边的近臣，具有一定的社会地位。"[17]由此判定墓主人桓平葬于广陵辖境内。安徽有蕴藏铅同位素比率最低的矿，生产玻璃品的原料来源一般就地取材，我推断汉广陵生产玻璃品所需用的矿原料，可能来源于广陵本地，即今安徽。

扬州高邮天山乡1号汉墓木椁上和宝女墩汉墓铜鼎上分别发现"广陵船官"和"广陵服食官"铭文，其中"广陵服食官"是广陵国设置的服饰和饮食的一种并称官制。掌管广陵国王、后、太子等的服饰及日用器和饮食方面的事务，统率着一批为其服务的能工巧匠，其中部分国产玻璃品的生产也应属"广陵服食官"掌管之内。

另外，扬州平山乡墓出土的白虎星辰纹衣片墨书"章持人□"铭文和宝女墩陪葬墓出土的云纹衣片墨书"王"铭文，同是墨书铭文不同，为我们研究墓主人姓氏或玻璃衣的具体制作人及官营手工作坊等问题提供了资料。

扬州出土的玻璃品虽多，但是当时的生产作坊却未被发现，因此，对于这些玻璃品的产地，目前只能作一推测。鉴于广陵郡（国）设置有专门掌管服、食事务的机构，又蕴藏着生产玻璃品的矿原料等有利条件，从本地出土的玻璃品数量多和品种丰富且地方特色明显来看，笔者认为扬州出土的铅钡玻璃制品，应是西汉广陵本地生产的，这些产品除在本地区销售使用外还销售到了外地。

（5）汉代国产的铅钡玻璃，在其他国家和地区没有发现过，这是中国人的一项创造发明，它有别于进口的钠钙玻璃，易腐蚀，腐蚀后貌似石质或玉质。《徐州北洞山西汉墓发掘简报》就将 16 件玻璃杯误认为"玉杯"[18]。之后，李银德先生撰写《徐州发现一批重要西汉玻璃器》一文作了纠正[19]，即是玻璃器容易被误认为玉器（或石器）的一个例证。山东五莲张家崮墓曾出土过"玉片"150 片[20]，从简报和图版照片看有纹饰和贴金箔，与扬州"妾莫书"、宝女墩等汉墓出土的玻璃片极为相似。根据纹饰和装饰工艺特征以及腐蚀情况来看，笔者怀疑山东五莲张家崮汉墓出土的"玉片"，可能是对玻璃的误认。基于同样理由，笔者还怀疑有的省区汉墓出土的"玉质"衣片的质地也可能是玻璃。凡是铅钡玻璃衣片或铅钡玻璃品都有易腐蚀的特点，如"妾莫书"和平山乡两墓只有极少数衣片表面腐蚀较轻，内芯仍具有半透明玻璃质，其余衣片通体内外都被严重腐蚀，呈灰白色，最严重者疏松成粉。"妾莫书"衣片出土后经过一定时间风吹，才逐渐变硬。《文物》发掘简报报道的"清出玻璃近 600片"，实际仅仅是衣片总数中的一部分，多数已腐烂。

中国科学院上海硅酸盐研究所张福康先生对"妾莫书"、宝女墩汉墓出土衣片进行科学分析后认为："严重风化的铅钡玻璃中 BaO 和 SiO_2 呈明显的同步下降之势，其原因很可能就是由于 $BaO \cdot ZSiO_2$ 晶体大量溶失所致。大量 $BaO \cdot ZSiO_2$ 晶体的溶失还破坏了玻璃结构，使它的质地变得疏松易碎，重量也相应变轻。"[21]这虽然明确是指铅钡玻璃衣片易腐蚀的原因，但是我认为它同样亦是汉代其他铅钡玻璃制品易腐蚀的主要原因。"在中国古代，铅钡玻璃虽有一定的用途，可是这种玻璃存在一个致命的缺点，就是它的化学稳定性很差。铅钡玻璃在熔制过程中会生成硅酸钡晶体，如果这种玻璃长期处于潮湿的环境中，并在 CO_2、SO_2、H_2S 等腐蚀性气体的作用下，玻璃中的硅酸钡晶体便会被水溶解而流失，从而破坏了玻璃的结构，使它风化瓦解，变成粉末。由于这种致命缺点的存在，铅钡玻璃的制造技术在使用了几百年以后，便被淘汰而不再流传下来。"[22]张福康先生这样分析铅钡玻璃制造技术没有流传下来的主要原因是很有道理的。

我国玻璃生产历史悠久，汉代扬州的玻璃品无疑是我国古玻璃器中的一个组成部分，是研究汉代玻璃品种、生产装饰工艺和产地等问题的宝贵实物资料，具有重要的学术价值。

本文承蒙中国科学院上海硅酸盐研究所张福康先生、张志刚先生鼎力相助，特此致谢。

注 释

[1]《汉书·伍被传》。

[2]《史记·吴王濞列传》。

[3] 鲍照：《芜城赋》。

[4] 芮德法：《高邮天山汉墓一批珍贵文物出土》，《新华日报》1980 年 7 月 3 日。

芮德法：《高邮天山又发现一大型汉墓》，《新华日报》1982年5月8日。

[5] 扬州博物馆：《扬州西汉"妾莫书"木椁墓》，《文物》1980年12期。

[6] 扬州博物馆、邗江县图书馆：《江苏邗江县杨寿乡宝女墩新莽墓》，《文物》1991年10期。

[7] 扬州博物馆：《江苏邗江县姚庄102号汉墓》，《考古》2000年4期。

[8] 南京博物院：《邗江甘泉2号汉墓》，《文物》1981年11期。

[9] 扬州博物馆：《江苏邗江县甘泉老虎墩汉墓》，《文物》1991年10期。

[10] 程朱海、周长源：《扬州西汉墓玻璃衣片的研究》，1984年北京国际玻璃学术讨论会论文集《中国古玻璃研究》。

[11] 周长源、张福康：《对扬州宝女墩出土汉代玻璃衣片的研究》，《文物》1991年10期。

[12] 王冰：《巴家墩汉墓出土玉器概述》，中国古玉学会第三次年会论文集收录。

[13] 同[7]。

[14] 高至喜：《湖南出土战国玻璃器及其特点》，香港《中国文物世界》1995年122期。

[15] 宿白：《中国古代金银器和玻璃器》，《中国文物报》1992年5月3日。

[16] 美国国家标准局 I.L.Barnes R.H.Brill E.C.Deal：《中国早期玻璃的铅同位素研究》，1984年北京国际玻璃学术讨论会论文集《中国古玻璃研究》。

[17] 安徽省文物考古研究所、天长县文物管理所：《安徽天长县三角圩战国西汉墓出土文物》，《文物》1993年9期。

[18] 徐州博物馆、南京大学历史系考古专业：《徐州北洞山西汉墓发掘简报》，《文物》1988年2期。

[19] 李银德：《徐州发现一批重要西汉玻璃器》，《东南文化》1990年1、2期。

[20] 潍坊市博物馆、五莲县图书馆：《山东五莲张家崮汉墓》，《文物》1987年9期。

[21] 同[11]。

[22] 张福康：《中国古陶瓷的科学》，上海人民美术出版社2000年9月。

图版目录

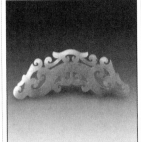

图版

1 夔龙纹玉璜 春秋

长8.9、宽2.6厘米

1988年江苏省扬州市邗江甘泉军庄东汉墓出土

扬州博物馆藏

璜为单面片雕,正面琢饰背向两龙,中间以勒槽分割,四周出脊,龙口微张,舌上卷作开口的穿孔。龙身饰浅浮雕卷云纹,纹样饱满。在卷云纹之间采用劲健的细阴线琢饰勾云纹、几何纹作附饰。底面未抛光。 (王冰)

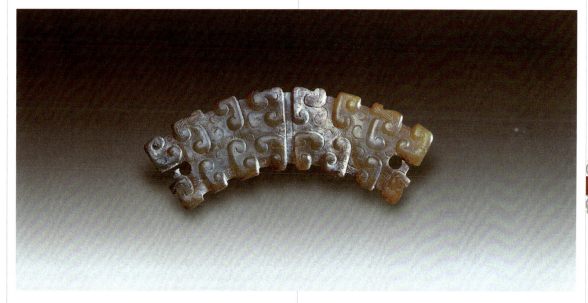

2　夔龙纹玉璜　春秋

长 3.2、宽 1.4、厚 0.3 厘米

1991 年江苏省扬州市邗江甘泉巴家墩西汉墓出土
扬州博物馆藏

璜青玉质，色绿，局部有黄色沁蚀。单面琢刻背向两龙，中间以勒槽分割。龙纹四周出脊，张口，舌上卷，形成开口的系孔。龙身浅浮雕线条遒劲的卷云纹，间以阴刻小斜线补地，足部各有一圆圈纹。惜纹饰面曾遭后期打磨，颇损神韵。

（王冰）

3　夔龙纹玉璜　春秋

长 6.5、宽 1.8 厘米

1991 年安徽省天长市三角圩汉墓群出土
天长市博物馆藏

璜青玉质，单面雕，两端镂空成龙首。龙张口露齿，齿尖内翘各形成一穿孔，上下唇外伸呈平行状，以绚纹作龙发。龙身浅浮雕三角形卷云纹，并辅以细阴线雕刻的勾云纹、几何纹，中间以勒槽分割，四周出脊。底面未抛光。

（施庆）

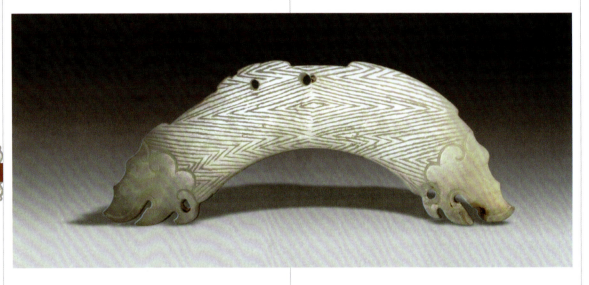

精粹馆国玉器

4　柿蒂纹玉璧　战国

径 3.8、内径 0.9、厚 0.1 厘米

径 3、内径 0.8、厚 0.1 厘米

1991 年安徽省天长市三角圩汉墓群出土

天长市博物馆藏

2 件,一大一小,均为青玉质,半透明,局部有黑色沁,单面片雕,内外缘各饰弦纹一周,中部阴刻四 柿蒂纹将玉璧分为四区。两件玉璧纹饰一致,线条简洁流畅,构思奇巧,图案较为抽象。

（施庆）

5　双龙首几何纹玉璜　战国

长 9.6、宽 2、厚 0.3 厘米

1991 年安徽省天长市三角圩汉墓群出土

天长市博物馆藏

璜为弧形扁平体,用白玉雕成,体白色透明,两端透雕龙首。龙张口,前额上冲,椭圆眼带梢,龙首上唇前伸微上翘,下颌作钺形与龙体相连,各形成一穿孔,通体细线刻划出菱形几何纹,两面纹饰相同,排列工整,刀工细而不乱,背部突出两脊。

（施庆）

6　龙形玉佩　战国

长 8.2、高 4.4、厚 0.2~0.6 厘米

1991 年江苏省扬州市邗江甘泉巴家墩西汉墓出土

扬州博物馆藏

璜青玉质，色绿，原料局部呈褐色沁蚀。龙作回首状，上颌较长，弓身，短卷尾，背
鳍下钻一小孔。两面减地琢饰单体或连体涡云纹，突出部分被磨平，仅原料边蚀
凹部分的涡云纹尚保留原状。　　　　　　　　　　　　　　　　　　　　　（王冰）

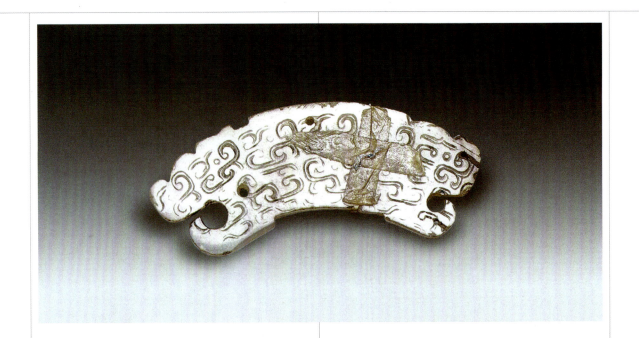

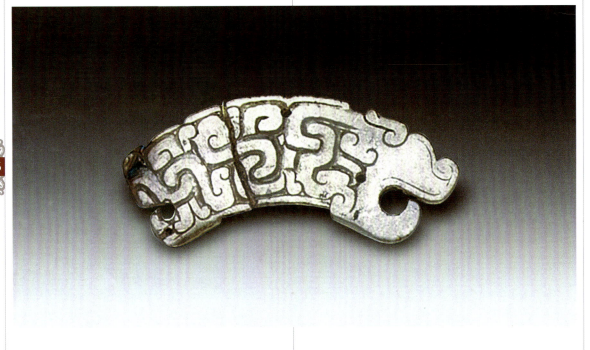

7　夔龙纹玉璜　战国

长6.6、宽2.1厘米

1991年安徽省天长市三角圩汉墓群出土

天长市博物馆藏

璜白玉质,半透明,局部有土沁,双面雕,两端镂雕出一大一小的龙首,龙张口,上唇上卷。一面用双阴线刻雕出若干个夔龙,阴刻圆圈以示龙眼,线条细腻流畅,图案形象生动。另一面用减地法雕出夔龙,略有浮雕效果。璜表面有四个穿孔。从两面纹饰看,风格特点不属同一时期,应为一件改制玉器。同件玉器上保存较为完整的不同时代风格的纹饰,尚属少见。　　　　　　　　　　　　　（施庆）

8　勾连云纹玉璜　战国

长 18、宽 3.6 厘米

1991 年安徽省天长市三角圩汉墓群出土

天长市博物馆藏

璜青玉质地,局部有黑色沁,周边出脊,中有一圆孔。璜体有廓,内部用减地法雕
琢纹饰,纹饰饱满挺拔。正面纹饰相互勾连,背部纹饰以蒲纹为地,排列整齐。

（赵树新）

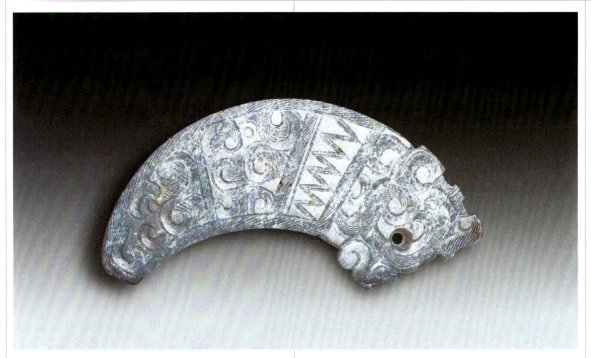

9 夔龙纹玉觿 战国

长 8、厚 2.8～4 厘米

1991 年江苏省扬州市邗江甘泉巴家墩西汉墓出土

扬州博物馆藏

觿青玉质,色深绿,双面片雕,状若蛹形。其纹样两面相同,头部上下出脊,以斜刀减地的浅浮雕手法琢饰回首龙头,龙之须、眉及鬃毛修长。龙身以绹纹饰边,前端饰一组双勾阴刻三角形折线纹,余饰一组大小相随的龙首纹,局部作斜刀减地处理。

(王冰)

10 夔龙纹玉觽 战国

长 8.3、厚 0.3 厘米

1991 年江苏省扬州市邗江甘泉巴家墩西汉墓出土

扬州博物馆藏

觽青玉质，淡青灰色，白沁较多，片状，双面雕。其头部上下出脊，以斜刀减地的浅浮雕手法琢饰回首龙头，龙之须、眉及鬃毛修长，龙身以绚纹饰边，前端饰一组双勾阴刻三角形折线纹，余饰两面不一。一面饰一组大小相随的龙首纹，一面却仅饰一全身之龙，皆作局部斜刀减地处理。该器的特别之处还在于其尾端平齐，在下角处钻有一孔，与前端中部的钻孔遥相呼应，似为其下挂饰其他附件设计的。

（王冰）

11 夔龙形玉觿 战国

长 5.6、厚 0.15~0.2 厘米

1991 年江苏省扬州市邗江甘泉巴家墩西汉墓出土

扬州博物馆藏

觿青玉质,色绿,内夹杂有少量黑点。状若牙形,素面无饰,前端简略地琢成上下出脊的龙首形。龙张口卷舌,身粗短,尾尖略内弯,背部钻有一细小穿孔。

(王冰)

12 夔龙纹玉璧 西汉

径19.8、内径4.6、厚0.7厘米

1980年江苏省宝应县九里一千墩八角墩汉墓出土

宝应博物馆藏

璧用青玉雕琢而成,色泽清纯,温润有光泽,两面纹饰相同。玉璧的外圈由两条夔龙纹组成,内圈饰蒲纹,中间用绚纹相隔,设计独特,布局合理,线条流畅,雕刻精细。

(季寿山)

13　夔龙纹玉璧　西汉

径 17.5、内径 3、厚 0.3～0.6 厘米

1982 年江苏省扬州市高邮天山乡神居山 2 号汉墓出土

扬州汉广陵王墓博物馆藏

璧青玉质,厚薄不均,纹饰分内外两区,用绹纹间隔。内区为蒲纹,蒲格排列整齐。外区采用阳线饰以三组连体合首夔龙纹。纹饰精美,刀法流畅,显示出较高的技艺。璧身沁色严重,微残,修复完整。　　　　　　　　　　　　　　　(李斌)

14　夔龙纹玉璧　西汉

径24.5、内径4、厚0.7厘米

1975年安徽省天长市安乐北岗汉墓群出土

天长市博物馆藏

璧青玉质,半透明,两面纹饰相同,内外缘各饰弦纹一周,中部绚纹将璧分为内
外两区,外区雕四组变形龙纹,每组龙都是一首双身,珠状目,长发飘拂。龙体作
缠绕式,沿每条龙身细刻规则分布的阴线纹,内区满饰蒲纹。该璧纹饰工整对
称,粗犷浑朴。　　　　　　　　　　　　　　　　　　　　　　　　（赵树新）

15　夔龙纹玉璧　西汉

径23、内径4.7、厚0.6厘米

1991年安徽省天长市三角圩汉墓群出土

天长市博物馆藏

璧青玉质,半透明,两面纹饰相同,内外边缘各饰弦纹一周,中部绹纹将璧分为内外两区。外区雕饰四组变形龙纹,每组龙都是一首双身,珠状目,张口露齿,细发粗须,龙体作缠绕式。内区满饰蒲纹,每一蒲纹上饰一涡纹。此璧在材质、色泽、造型、琢工方面均属上乘。　　　　　　　　　　　　　　　　(赵树新)

16　夔龙纹玉璧　西汉

径 21、内径 4.5、厚 0.5 厘米

1982 年江苏省扬州市高邮天山乡神居山 2 号汉墓出土

扬州汉广陵王墓博物馆藏

璧青玉质,色泽翠绿,两面纹饰相同,在肉好边缘各起弦纹一周,形成较厚的内外廓。纹饰分内外两区,由绚纹界定。内区为蒲纹,在规整的蒲纹上琢饰涡纹。外区则采用阴线刻划出四组变体合首夔龙纹,造型夸张,线条简练,走刀流畅,显示出西汉时期龙纹的典型特征。璧身有数条裂痕,微残,已修复。　　（李斌）

17　夔龙纹玉璧　西汉

径 18.1、内径 4.3、厚 0.5 厘米

1967 年江苏省扬州市邗江西湖砖瓦厂汉墓出土

扬州博物馆藏

璧玉呈青色,质地纯净温润,形状规矩,品相较好,两面纹饰相同。内外缘有阴线
刻轮廓线,纹饰分为两区。内区满饰蒲纹和涡纹,外区饰四组合首双身夔龙纹。
两区之间以一圈细绹纹作间隔,做工规整。　　　　　　　　　　　　　　(马富坤)

18　夔龙纹玉璧　西汉

径 18.3、内径 4.4、厚 0.4 厘米

1991 年江苏省扬州市邗江甘泉巴家墩西汉墓出土

扬州博物馆藏

璧玉呈青绿色，扁平体。纹饰分为内外两区，以一圈绚纹相隔。外区饰四组对称
的双身夔龙纹，内区是在蒲纹上加饰涡纹。两面纹饰相同，琢痕清晰可见。

（王冰）

汉广陵国玉器

19　龙凤纹玉璧　西汉

径 19.4、内径 7.1、厚 0.5 厘米

1966 年江苏省扬州市双桥乡宰庄汉墓出土

扬州博物馆藏

璧玉呈青色，扁平体。纹饰分为两区，中间以一圈细绚纹相隔。内区饰井然有序
的蒲纹和涡纹，外区为三组合首双身夔龙纹和双凤纹，三组纹饰对称。璧两面纹
饰相同，雕琢清晰。　　　　　　　　　　　　　　　　　　　　　　（马富坤）

20　螭凤纹玉璧　西汉

径 15.9、内径 2.8、厚 0.35~0.5 厘米

1991 年江苏省扬州市邗江甘泉巴家墩西汉墓出土

扬州博物馆藏

璧玉色深绿,胎内夹杂细小黑点,局部白沁较重。该璧系由一复原外径 38.8、内径 7.2、厚 1 厘米的大璧残片分剖后改制而成。原璧装饰分内外两区,内区纹饰以两圈浅浮雕绚纹界定,几何变形夔凤纹为主纹,主纹周围辅饰饱满的谷纹。外区纹饰为平雕琢刻螭凤纹。该璧的始作年代当在战国晚期至西汉前期,西汉中期改制。

(王冰)

髸廣賺國玉噐

21　龙鸟纹玉璧　西汉

径28、内径7.2、厚0.8厘米

1991年江苏省扬州市邗江甘泉巴家墩西汉墓出土

扬州博物馆藏

璧青玉质,色深绿,器表散布轻微白沁。其装饰纹样有内外两区,由绚纹界定。内区为蒲纹,在规整的蒲格上琢饰涡纹,涡纹上尚留有小块面的琢刻棱角未作细磨处理。外区则采用阴线刻的手法饰以四组双身龙纹。龙为双体式,平直角,眼廓呈倒梯形,下边略弧,小圆睛,腮毛平上卷,龙体由眉外角处向两侧作S形卷出,身体中部的腿爪作一变形凤鸟纹,线条简练,走刀流畅,显示出西汉时期饰璧龙纹的典型特征。

（王冰）

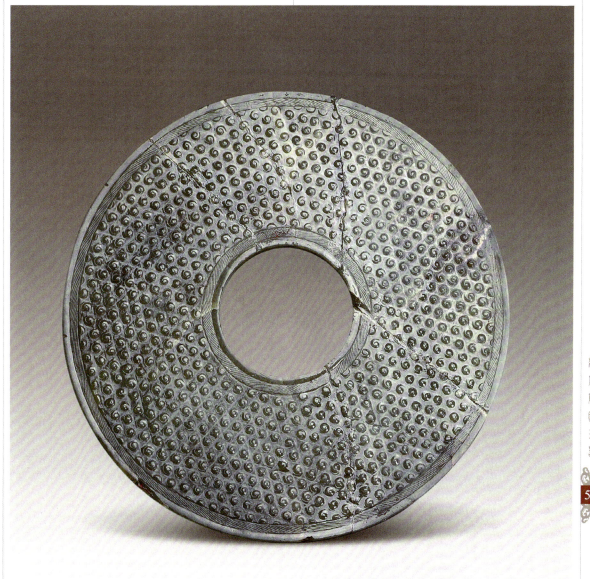

22　谷纹玉璧　西汉

径22、内径6.6、厚0.8厘米

1980年江苏省扬州市高邮天山乡神居山1号汉墓出土

南京博物院藏

璧玉青绿,两面纹饰相同。内外缘并列饰宽弦纹、绚纹。在内外两组宽弦纹、绚纹之间夹饰主纹。主纹是在蒲纹格内饰谷纹。内外缘高于主纹。此璧玉质温润,线条挺拔,纹饰饱满,是玉璧中的佼佼者。　　　　　　　　　　　　　　（周长源）

汉广陵国玉器

23 谷纹玉璧 西汉

径 22.2 厘米

1982年江苏省扬州市高邮天山乡神
居山2号汉墓出土

南京博物院藏

璧玉青绿,器身饰饱满谷纹。孔径部
位粘贴铜铆钉,周围露出铜绿。器上
条纹状沁痕是丝带固定玉璧留下的
痕迹。玉璧精美绝伦,反映出汉代官
营作坊琢玉技术的高超水平。

(周长源)

24　谷纹玉璧　西汉

径 14、内径 4.6、厚 0.6 厘米

1982 年江苏省扬州市高邮天山乡神居山 2 号汉墓出土

南京博物院藏

璧玉青白,两面琢雕,纹饰相同。内外边缘凸起略高出主纹,主纹为谷纹,纹饰饱
满,琢雕精致。器表面有火烧的黑色痕迹,并破为 5 块后粘接完整。(周长源)

縱橫賤國玉器

25 谷纹玉璧 西汉

径 14.5、内径 2.5、厚 0.6~0.8 厘米

1982 年江苏省扬州市高邮天山乡神居山 2 号汉墓出土

扬州汉广陵王墓博物馆藏

璧青玉质,器身布满排列整齐的谷纹,浮雕感极强,具有明显的西汉风格。璧身
有沁色,虽断为两截,但基本完整。   (李斌)

26　谷纹玉璧　西汉

径 11、内径 3.6、厚 0.4 厘米

1982 年江苏省扬州市高邮天山乡神居山 2 号汉墓出土

扬州汉广陵王墓博物馆藏

璧青白玉质,玉质温润,系和阗玉。璧身布满排列整齐的谷纹,浮雕感极强,局部
有铁锈沁。璧身断为三截,微残,修复完整。　　　　　　　　　　　　　　（李斌）

27 谷纹玉璧 西汉

径 9.5、内径 3.7、厚 0.4 厘米

1991 年安徽省天长市三角圩汉墓群出土

天长市博物馆藏

璧白玉质,半透明,内外有廓,廓内以蒲纹为地,浅浮雕谷纹,蒲纹若隐若现。近
内廓处不规则刻划"∩"纹,外廓边缘饰 12 个穿孔。该玉璧两面纹饰一致,刀法
苍劲有力。

（赵树新）

28 蒲纹、涡纹玉璧 西汉

径 17.1、内径 4.3、厚 0.3 厘米

1991 年安徽省天长市三角圩汉墓群出土

天长市博物馆藏

璧青玉质,局部有黑色沁。内外边缘处各施一周弦纹。内刻蒲纹,蒲纹之上加刻涡纹。两面纹饰相同,均采用平面琢雕,局部线刻,运刀娴熟准确,纹饰规整饱满。

(施庆)

29　蒲纹玉璧　西汉

径 15.4、内径 2.5、厚 0.6 厘米

1982 年江苏省扬州市高邮天山乡神居山 2 号汉墓出土

南京博物院藏

璧青白玉，两面琢雕，纹饰相同。内外近边缘有一周阴弦线，近缘略低于主纹。主
纹是蒲纹。表面有火烧的黑色痕迹。　　　　　　　　　　　　　　　　（周长源）

30 蒲纹、涡纹玉璧 西汉

径 15.7、内径 4.1、厚 0.4 厘米

1977 年江苏省扬州市邗江甘泉"妾莫书"西汉墓出土

扬州博物馆藏

璧青玉质,扁平体,琢磨精细光滑,局部有黄褐色沁。两面纹饰相同,均在蒲纹上
加饰浅刻阴线涡纹,内外缘各有弦纹一周。 (马富坤)

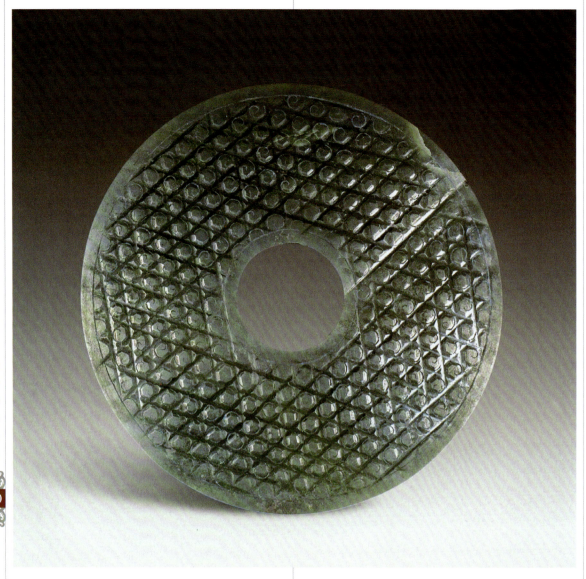

31 蒲纹、涡纹玉璧 西汉

径15.4、内径3.84、厚0.43厘米

1997年江苏省扬州市城北乡三星村西汉墓出土

扬州博物馆藏

璧为和阗青玉质,滋润无瑕,色翠绿,两面纹饰。肉外部以阴线浅刻弦纹界边,内部以斜线琢规整的蒲纹,在蒲纹上加饰浅刻阴线涡纹。制作规整,线条简练。

(李则斌)

32 蒲纹玉璧 西汉

径 16.3、内径 2.5、厚 0.3 厘米
1977 年江苏省扬州市邗江甘泉"妾莫书"西汉墓出土
扬州博物馆藏

璧青玉质,温润光亮,系和阗玉,体扁平,单面雕琢,纹饰为蒲纹。在璧的周边有
较大范围的黄色沁。琢工线条简练,走刀流畅。　　　　　　　　　　　　（马富坤）

33 "上合"铭素面玉璧 西汉

径12.5、内径4.2、厚0.6厘米

1982年江苏省扬州市高邮天山乡神居山2号汉墓出土

南京博物院藏

璧青玉泛黄,两面均为素面,平面光滑,边侧局部受沁呈鸡骨白色,外侧有浅刻篆隶之间的"上合"铭文。这是扬州发现的极少有铭文的西汉玉器之一,十分珍贵。

(周长源)

34　素面玉璧　西汉
径 18.3、内径 4.7、厚 0.3 厘米
1983 年江苏省宝应县九里一千墩后走马墩汉墓出土
宝应博物馆藏
璧青玉质,两面均无纹饰。　　(季寿山)

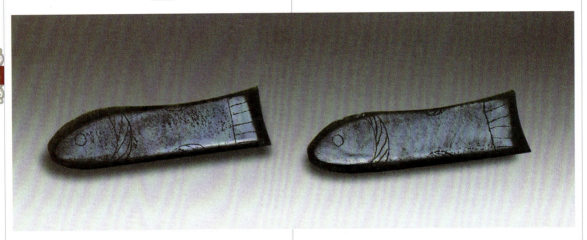

35　素面玉圭　西汉

长7.1、宽2、厚0.2~0.4厘米
1989年江苏省扬州市邗江西湖胡场7号西汉墓出土
扬州博物馆藏

2件,器扁平,长方形出尖,质为和阗青玉,有灰褐色斑沁。此器出土于棺室内,为礼仪用玉,同出有钺形穿孔青玉片。
　　　　　　　　　　　　　　　　　　　　(李则斌)

36　玉鱼　西汉

长13.3、宽3.5、厚0.9厘米
1994年江苏省仪征市张集茶场团山5号西汉墓出土
仪征市博物馆藏

2件,出土时位于内棺盖上沿口中部,玉料呈青色,器表有土黄色沁斑,半透明。玉鱼两面纹饰相同,均用阴线刻划头、鳍、尾三部分。嘴的前端宽而平,眼部为环形阴线圈,头与身有两道弧形阴线相隔,阴线内刻细斜线,腹部用阴线刻划两短鳍。
　　　　　　　　　　　　　　　　　　　　(孙庆飞)

37 猪鱼龙纹玉环 西汉

径9.5、内径4.1、厚0.3厘米

1977年江苏省扬州市邗江甘泉"妾莫书"西汉墓出土

扬州博物馆藏

环残,质为和阗白玉,采用透雕、浮雕、阴线刻手法雕琢而成,极为精美。其云纹中饰对称猪、鱼、龙形纹饰和绞丝纹等,猪体肥胖,龙身弯曲,形象生动。时代为西汉中期偏晚。

(徐良玉)

38　双龙形玉环　西汉

径 2.1、内径 0.9、厚 0.5 厘米

2001 年江苏省扬州市邗江西湖蚕桑砖瓦厂西汉墓出土

扬州市文物考古队藏

环青玉质，浑厚温润，有褐色沁斑。环身双面雕刻双龙形，双龙相对衔环，龙吻上翘，双目鼓凸，双龙脊相连隆起，双面穿孔。玉环出土于西汉中期墓葬中，但具春秋战国风格。

（李则斌）

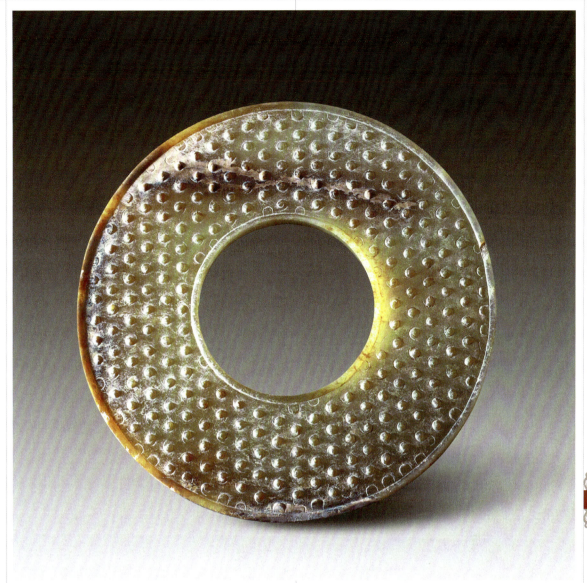

39 谷纹玉环 西汉

径 11.6、内径 4.8、厚 0.5 厘米

1981 年江苏省仪征市胥浦甘草山七星村汉墓出土

仪征市博物馆藏

环青白玉质,圆形,环的内外沿有廓,两面均饰谷纹,雕琢规矩。　　（孙庆飞）

40　谷纹玉环　西汉

径 13、内径 6.5、厚 0.5 厘米

1982 年江苏省扬州市高邮天山乡神居山 2 号汉墓出土

扬州汉广陵王墓博物馆藏

环青玉质，微残，已修复。环身琢有排列整齐的谷纹，线条粗犷，浮雕感很强，具有典型的西汉特征。

（李斌）

41 谷纹玉环 西汉

径 13.5、内径 5.55、厚 0.4 厘米
1996 年江苏省扬州市邗江西湖胡场 13 号西汉墓出土
扬州博物馆藏

环和阗青玉质，双面皆有青灰色沁斑。两面纹饰相同，内外皆以单圈弦纹界定，
内饰规整的谷纹。   （李则斌）

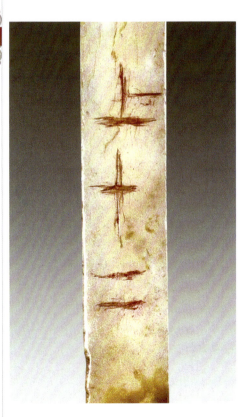

42 谷纹玉牙环 西汉

径 9、内径 4.7 厘米

1991 年安徽省天长市三角圩汉墓群出土

天长市博物馆藏

环白玉质,乳白色,半透明。环面部满饰谷纹,纹饰排列整齐,两面纹饰相同。玉环外缘有两处出脊,两两相对。玉环厚度不一,外侧最厚处刻有"上十二"字样,字迹清晰。

(施庆)

43 谷纹玉环 西汉

径 8.8、内径 2.1、厚 0.7 厘米
1991 年安徽省天长市三角圩汉墓群出土
天长市博物馆藏

环青玉质，局部有褐色斑，扁平体。两面纹饰相同，边缘饰
弦纹一周，内雕琢谷纹，排列整齐，琢刻精细。环外侧阴刻
铭文"上八十八"，字迹清晰可辨。　　　　　（纪春华）

44 云纹玉环 西汉

径 5、内径 3.2、厚 0.4 厘米
1975 年安徽省天长市安乐北岗汉墓群出土
天长市博物馆藏

环青玉质,边缘阴刻弦纹,弦纹内雕琢两周勾连云纹,两面纹饰相同。玉质纯净无瑕,纹饰排列齐整,线条细腻流畅。　　　　　(纪春华)

45 绞丝纹玉环 西汉

径 5.1、内径 2.6、厚 0.2 厘米
1999 年江苏省仪征市张集庙山村赵庄西汉墓出土
仪征市博物馆藏

环白玉质,光洁温润,器形扁平,有黄褐色沁斑。两面均雕琢细长的斜向绞丝纹,绞丝细密,边缘略薄。此环雕琢简略大方,虽出土于西汉墓葬中,但具战国风格。　　　　　(刘勤)

46 素面玉环 西汉

径11.2、内径6.3、厚0.35~0.43厘米

1991年江苏省扬州市邗江甘泉巴家墩西汉墓出土

扬州博物馆藏

环青玉质,黄绿色。全器琢制精工,素面无纹。　　　　　　　　(王冰)

47 素面玉环 西汉

径1.7、内径4.4、厚0.4厘米

1955年江苏省扬州市江都凤凰河汉墓出土

扬州博物馆藏

环玉青白色,扁平体,圆形。玉质晶莹,光滑细润,器表光素无纹。

(马富坤)

48 云龙纹璜形玉佩 西汉

长 10.5、宽 3.9、厚 0.4 厘米

1977 年江苏省扬州市邗江甘泉"妾莫书"西汉墓出土

扬州博物馆藏

佩和阗白玉质,扁平状,双龙合体形成璜形。龙作回首状,龙身上下雕成云形,整体透雕,双面阴线刻细部,造型优美,表面光润,雕琢精致。　　　　（徐良玉）

49 龙形玉佩 西汉

径 4.6、厚 0.4 厘米

1991 年安徽省天长市三角圩汉墓群出土

天长市博物馆藏

佩白玉质,圆形扁平体,通体透雕成
一条首尾相连弯曲如环的玉龙。龙上
唇前伸上翘,下唇向后翻卷,龙舌、下
唇与近尾部相接,椭圆眼带梢,背鬃
向后飘拂与角身相连。龙体仅雕两卷
云纹,意为龙鳞,断面呈长方形,两长
边微凹,表面极其光滑。该玉龙构思
奇巧,造型秀美,用夸张的手法勾画
出游龙强劲的姿态。　　(赵树新)

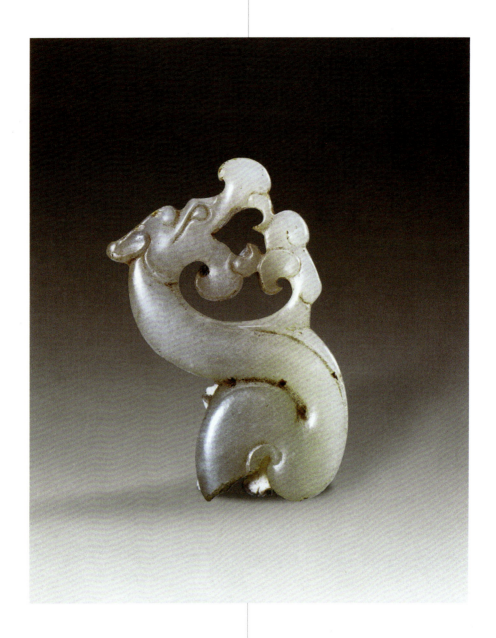

50　龙形玉佩　西汉

残长 2.5、宽 2、厚 0.5 厘米

1988 年江苏省扬州市邗江杨庙乡王庙西汉墓出土

扬州市邗江区文物管理委员会藏

佩和阗白玉质。龙头突出,张口露齿,欲衔祥云,水滴眼圆睁有神。龙体卷曲呈
"S"形,缺尾。

(朱育林)

51　龙形玉佩　西汉

长 7、宽 4、厚 0.12 厘米

1991 年安徽省天长市三角圩汉墓群
出土

天长市博物馆藏

佩白玉质,呈"S"形,通体洁白透明,惟
龙头呈浅褐色,用透雕手法雕出龙
身,颈、尾与身相连,蜿蜒弯曲。下颌作
钺形,眼珠为一圆形穿孔,阴线刻出
眼角,头后露一角,周身线雕云气纹,
两面纹饰一致。该玉龙设计精巧,构
图清新,动态感十分强烈。

（赵树新）

52　龙形玉佩　西汉

长 14、宽 4.3、厚 0.7 厘米

1991 年安徽省天长市三角圩汉墓群
出土

天长市博物馆藏

2 件，形制相同。青玉质，局部有土黄
色沁蚀。龙首回顾，厚唇张口，头饰一
角，体饰三鳍，分岔尾，背部出一脊面，
下有穿孔。龙体有廓，廓内满饰浮雕
勾连云纹。两面纹饰一致，一面遗有
朱砂。该玉龙制作规整，形神憨厚敦
实。
　　　　　　　　　　　　（赵树新）

53　龙凤纹璜形玉佩　西汉

长 11.9、宽 4.9、厚 0.4 厘米

1977 年江苏省扬州市邗江甘泉"妾莫书"西汉墓出土

扬州博物馆藏

佩和阗白玉质，扁平状，双龙合体形成璜形。龙作回首状，中上部饰一回首凤，中下部雕成云形，整体透雕，双面阴线刻细部。造型优美，雕琢精致。

（徐良玉）

54 凤形玉佩 西汉

长4.4、宽2厘米

1991年安徽省天长市三角圩汉墓群出土

天长市博物馆藏

佩青玉质,较滋润,作凤鸟形。凤鸟呈勾喙、长冠、回首曲体展翅状,两面纹饰相同,造型既夸张又生动,充满灵动感。

（施庆）

55　舞人玉佩　西汉

长 3.1、宽 1.4 厘米

1977 年江苏省扬州市邗江甘泉"姜莫书"西汉墓出土

扬州博物馆藏

佩白玉质,表面光润,体呈扁平片状,双面透雕成舞人形。在舞人的面部和衣纹细部均采用阴线浅刻技法雕琢。舞人束腰长裙,舞袖上扬过头顶,甩向身侧,另一袖弯曲长垂,姿态优美,形体古拙,线条简洁,下方有一穿孔,应为佩饰。

(马富坤)

56 舞人玉佩 西汉

长5、宽3、厚0.3厘米

1977年江苏省扬州市邗江甘泉"妾莫书"西汉墓出土

扬州博物馆藏

2件,和阗白玉质,体呈扁平状。舞人着束腰长裙,腰微曲,
舞袖绕过头顶,面部和衣纹均用阴线刻划,姿态优美。器
上下均有小孔,表面光润,雕琢精致。　　　(徐良玉)

57　舞人玉佩　西汉

长 4、宽 2、厚 0.15 厘米

1975 年安徽省天长市安乐北岗汉墓群出土

天长市博物馆藏

2件,形制相同,呈白玉半透明状,扁平体,上下各有一穿孔,正反两面纹饰一
致,以透雕技法琢成舞女形象。舞女一袖甩过头顶,一袖下垂拢起,以单阴线刻
划出其面部眉、眼、鼻、口及长裙细部,寥寥数刀,形神兼备。　　　　（纪春华）

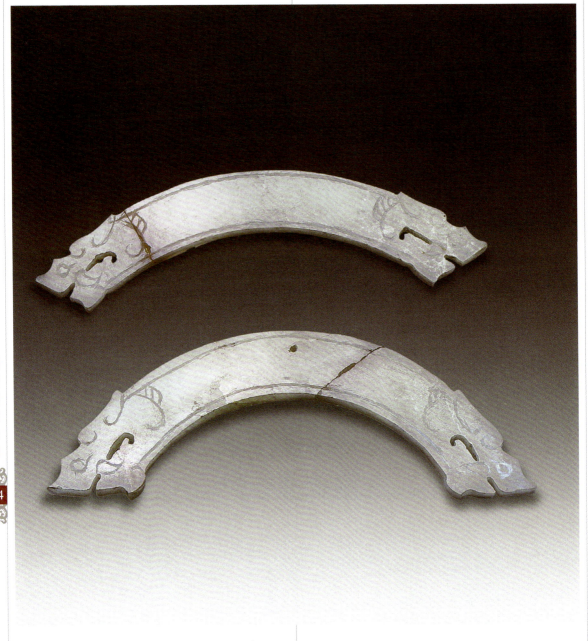

58　龙纹玉璜　西汉

长9.8、宽1.4、厚0.45厘米

长9.5、宽1.28、厚0.4厘米

1991年江苏省扬州市邗江甘泉巴家墩西汉墓出土

扬州博物馆藏

2件，器乳白色玉质，略泛黄，作双首龙形，短吻，口微张，腮部镂一"し"形孔槽，背上部钻有一斜穿小孔。两面琢刻简略的阴线饰，蝌蚪形眼，叶形耳，耳后有鬃毛，双钩身廓。在纹样的阴线中，肉眼可见刻饰时留下的细密刀痕。　（王冰）

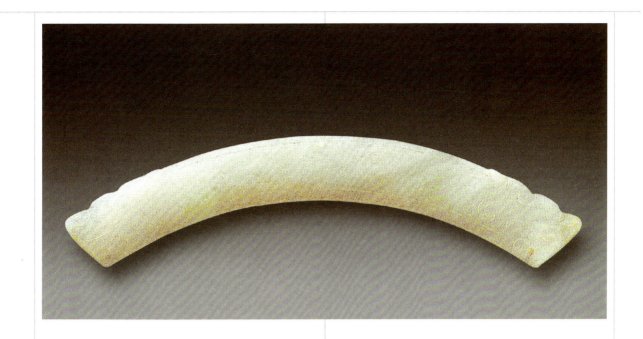

59 龙形玉璜 西汉

长 17.6、宽 3.2、厚 0.3 厘米

1977 年江苏省扬州市邗江甘泉"妾莫书"西汉墓出土

扬州博物馆藏

璜和阗白玉质,双龙首合体,断面略呈椭圆形,两端阴线刻划龙首纹,上下边缘
阴线刻弦纹,中间上方和两端下方各穿一小孔,雕刻精细。   (徐良玉)

60 双龙首玉璜 西汉

长8.4、宽2.4、厚0.4厘米

1991年安徽省天长市三角圩汉墓群出土

天长市博物馆藏

璜白玉质,为弧形扁平体,呈半透明状。有褐色沁。两面纹饰相同,两端阴线刻划龙首,上唇上翘,下唇内敛。龙首处各有一穿孔,意为龙口,上下出脊,椭圆眼带梢,叶形耳,有耳羽。璜面纹饰为网格纹、云气纹等,正中有一穿孔。纹饰细腻,线条流畅。

(朱正芳)

61 谷纹玉璜 西汉

长 11.9、宽 2.3、厚 0.4 厘米

1989 年江苏省仪征市张集茶场团山 1 号西汉墓出土

仪征市博物馆藏

2 件，青白玉质，局部因长年受泥水侵蚀泛乳黄色，并有黑色沁斑，半透明。器身双面雕，四周有廓，纹饰为凸起的谷纹，排列整齐，琢刻精细。在璜的中部有一对穿小孔。

(孙庆飞)

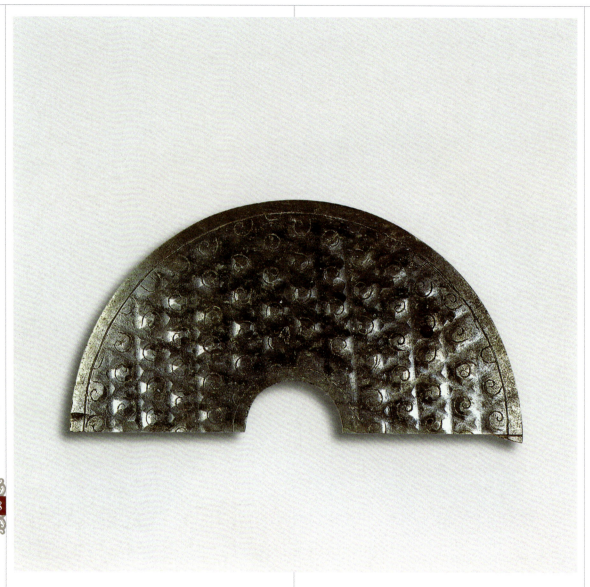

62　蒲纹、涡纹玉璜　西汉

长 14.3、内径 7.3、厚 0.4 厘米

1977 年江苏省扬州市邗江甘泉"妾莫书"西汉墓出土

扬州博物馆藏

璜青玉质,滋润无瑕,体扁平,半圆形。两面均在蒲纹上加饰浅刻阴线涡纹。**此器
原为璧,对剖为璜。**

(马富坤)

63　铭文玉璜　西汉

长 5.3、宽 1.8、厚 0.3 厘米

1991 年安徽省天长市三角圩汉墓群出土

天长市博物馆藏

璜青玉质,半璧形,扁平体,局部有褐色沁斑。素面,背上有一穿孔,截面上有阴刻铭文"△八十十"。该璜玉质莹润,具有很强的玻璃质感。

（朱正芳）

64　素面玉璜　西汉

长 9.2、宽 2.35、厚 0.35～0.5 厘米

1991 年江苏省扬州市邗江甘泉巴家墩西汉墓出土

扬州博物馆藏

璜深黄绿色,内有黄褐色斑痕,呈条状分布。表面略作打磨,两端各钻一孔,未完全钻透,一面钻孔较大而浑圆,一面较小且不规则。　　　　　　　　（王冰）

65 螭龙纹韘形玉佩 西汉

长7.8、宽1.8厘米

1977年江苏省扬州市邗江甘泉"妾莫书"西汉墓出土

扬州博物馆藏

佩白玉质,有沁色,体形修长。一面稍凹,另一面微拱起呈弧形。中有一圆孔,顶尖一端饰龙身,另一端饰活泼的小螭缠绕龙身。此佩与较常见的韘形佩造型不同,上有穿孔,应为单件佩饰。

（马富坤）

66　龙凤纹鞢形玉佩　西汉

长 9.5、宽 4.2、厚 0.4 厘米

1977 年江苏省扬州市邗江甘泉"妾莫书"西汉墓出土

扬州博物馆藏

佩和阗白玉质,扁平状,中间主体造型为鞢形,上置小圆孔。其上部雕饰一回首龙,下部雕饰一变体凤,采用透雕和双面阴线刻划细部手法雕琢而成。该佩造型别致,雕琢精细,表面光润,颇为罕见。

（徐良玉）

67　龙凤纹韘形玉佩　西汉

长6.2、宽5.5、孔径2.2、厚0.4厘米

1998年江苏省宝应县天平镇戴墩汉墓出土

宝应博物馆藏

佩白玉质，双面雕饰，呈扁平状，局部受沁，正面中间呈鸡心形。圆孔下采用减地浮雕技法饰一小螭，鸡心外缘左侧饰一龙纹，右侧对应处饰一凤纹。凤的上部和龙之间夹饰小凤。螭为龙的一种，故此佩称为双龙双凤纹佩。该佩采用了透雕、减地浮雕、阴线刻等技法，工艺高超。　　　　　　　　　　　　　　　　　　（赵进）

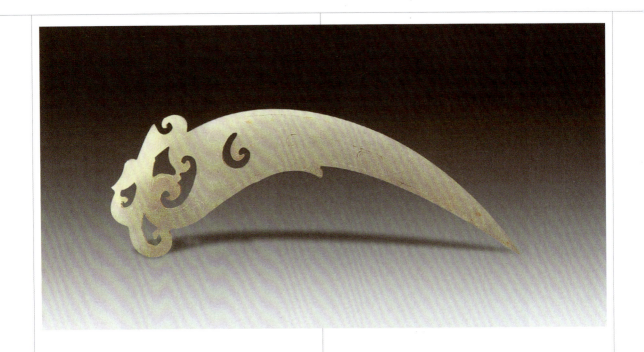

68　龙形玉觽　西汉

长 10.7、最宽 3.7、厚 0.4 厘米

1977 年江苏省扬州市邗江甘泉"妾莫书"西汉墓出土

扬州博物馆藏

觽和阗白玉质，片状，双面雕。一端雕饰回首龙，另一端尖角状，采用透雕和阴线
刻技法雕琢而成，表面光润，雕刻精致。　　　　　　　　　　　　　　　（徐良玉）

69 云龙纹玉带钩 西汉

长 7.2、宽 0.9、高 1.8 厘米
1991 年安徽省天长市三角圩汉墓群
出土
天长市博物馆藏
钩和阗玉雕琢而成，玉质纯净无瑕。
背部减地浅浮雕卷云纹，边缘有阴刻
平行线、云气纹、二字纹和网纹，腹下
脐作椭圆形，上雕三细线涡纹。该带
钩选料精良，纹饰刻划细腻流畅。

（王晓东）

70 鹅形玉带钩 西汉

长 2.8、高 2 厘米
1988 年江苏省扬州市邗江甘泉姚庄
102 号西汉墓出土
扬州博物馆藏
钩青玉质，鹅形，曲颈回首。鹅首作
钩头，鹅掌作钩钮，钩体浑厚敦实。

（印志华）

71 鹅形玉带钩 西汉

长 3.3、高 1.7 厘米
1988 年江苏省扬州市邗江甘泉姚庄
102 号西汉墓出土
扬州博物馆藏
钩白玉质，鹅形，曲颈回首。鹅首作
钩头，鹅掌作钩钮，钩体洁白匀净。

（印志华）

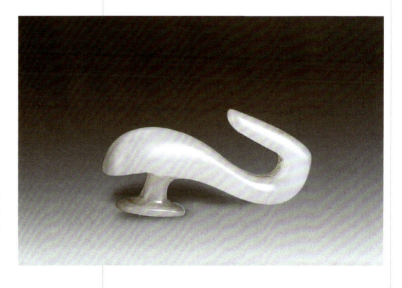

72 玉具剑饰 西汉

剑通长92、宽3.2厘米 首径4.2厘米 格长6、宽2.5厘米

璏长6、宽2厘米 珌长3.8、宽2厘米

1991年安徽省天长市三角圩汉墓群出土

天长市博物馆藏

剑为铁质,尚未出鞘。剑首青玉质,两道凸弦纹将平面分为两区,内区饰一柿蒂纹,辅以网纹;外区满饰涡纹。剑格白玉质,饰云雷纹,阴刻粗细线相结合。剑璏白玉泛黄,深刻蒲纹。剑珌素面,白玉质,有玻璃质感,光亮润洁。(赵树新)

73　螭纹玉剑璲　西汉

长 8.9、宽 2、高 1.6 厘米

1991 年安徽省天长市三角圩汉墓群出土

天长市博物馆藏

剑璲青玉质,局部有黑色沁。长方形,面上浅浮雕一只螭龙。螭呈独角回首爬行状,长尾上卷,螭身阴刻两道"二"字纹。纹饰线条刚劲有力,生动地刻画出螭龙的动态。　　　　　　　　　　　　　　　　　　　　　　　　　　　　（施庆）

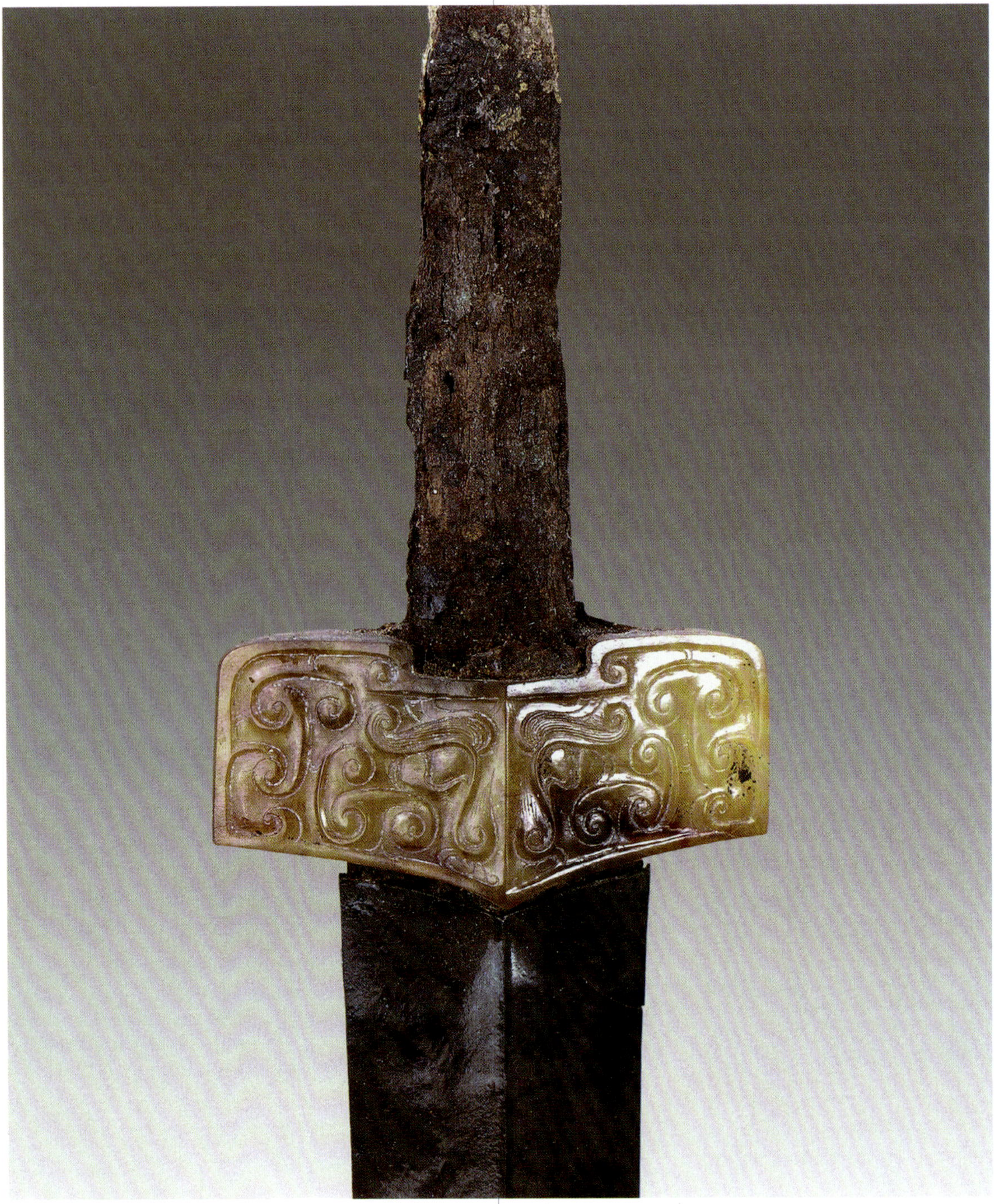

74　玉具剑饰　西汉

剑长 76、宽 3.2～3.5 厘米

格长 5.7、宽 2.6 厘米

璏长 10.6、宽 2.6、厚 1.7 厘米

珌长 3.2、宽 2.3、厚 1.1 厘米

1988 年江苏省扬州市邗江甘泉姚庄

102 号西汉墓出土

扬州博物馆藏

玉具剑饰由剑格、剑璏、剑珌组成（缺剑首），与剑身形成一个完整的器体，起着重要的装饰作用。剑格、剑璏、剑珌玉质呈奶黄色，剑格和剑珌的两面皆饰有减地线雕饕餮如意纹，剑璏的正面亦饰有减地线雕饕餮如意纹。

（印志华）

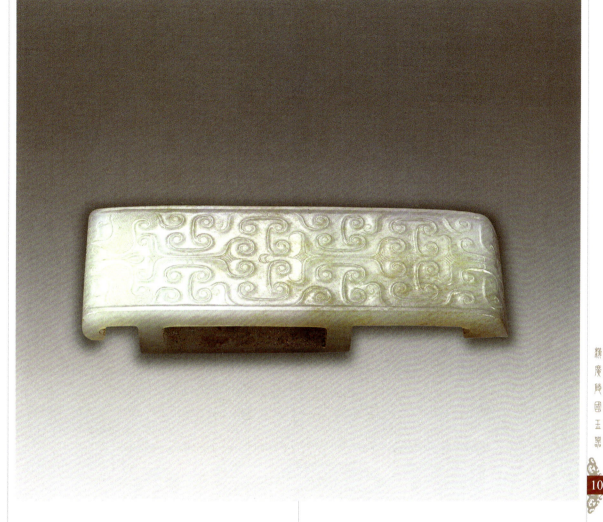

75　玉具剑饰　西汉

格长 4.1、宽 1.9 厘米
璏长 8.7、宽 2.6 厘米
1985 年江苏省扬州市邗江甘泉姚庄 101 号汉墓出土
扬州博物馆藏

剑饰白玉琢成,玉质细腻温润。格以中脊为轴,中部凸棱处饰兽面纹,两侧饰勾
连云纹。中部上端有凹,并有一长方形穿孔。两面纹饰相同,缘刻阴线。璏呈长方
形,两端自然下卷,器表面饰以勾连云纹,一端饰兽面纹。侧视上部略呈拱形,下
部一侧有长方形穿孔。此格、璏琢工精良,是采用上等的和阗白玉制成。

(马富坤)

76　螭纹玉剑璏　西汉

长 8.7、宽 2.6、厚 1.6 厘米

1993 年江苏省仪征市陈集杨庄村詹庄西汉墓出土

仪征市博物馆藏

剑璏豆青色,器表有黄、灰黑色沁斑,半透明。长方形面上浅浮雕一只正面螭龙,头大而方,圆眼前突,圆环耳,身细瘦,尾分岔且长而卷。螭身细部纹饰用阴线刻,线条简洁粗放,四周有廓边。　　　　　　　　　　　　　　　　　（刘勤）

77　子母螭纹玉剑璲　西汉

长 5.5、宽 3.1、厚 1.5 厘米

1999 年江苏省仪征市龙河烟袋山西汉墓出土

仪征市博物馆藏

剑璲青白色，半透明，玉质莹润光洁，局部有土黄色沁斑。长方形面上浮雕一只正面螭龙，头宽，圆睁双眼，嘴与鼻成倒"T"状，身弓出廓外，镂雕，线条流畅呈"S"形，尾部有一小螭，头尖似鼠，与母螭相向而戏。雕琢精美，画面生动活泼，背面纹饰为凸起的勾连云纹。此器应为旧玉改制。

（刘勤）

78　云谷纹玉剑首　西汉

径 4、厚 0.5 厘米

1982 年江苏省扬州市高邮天山
乡神居山 2 号汉墓出土

南京博物院藏

剑首青玉质。圆形单面琢雕。纹饰
分内外两区。内区中心圆形凸起，
琢雕云纹，云纹间隙刻细方格地
纹或"二"字纹。外区饰谷纹两道。
其边缘凸起，线条流畅，琢雕精
细。表面有火烧的黑色斑痕。

（周长源）

79　谷纹玉剑璲　西汉

长 10.2、宽 2.5 厘米

1979 年江苏省扬州市邗江西湖
胡场 5 号汉墓出土

扬州博物馆藏

剑璲青灰色，呈长方形，侧视略
拱，两端下卷，下部有一长方形穿
孔。器物表面满饰饱满的谷纹，地
为阴刻菱形方格纹。（马富坤）

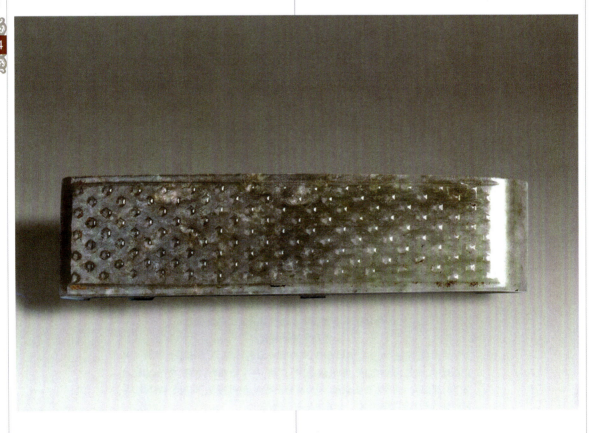

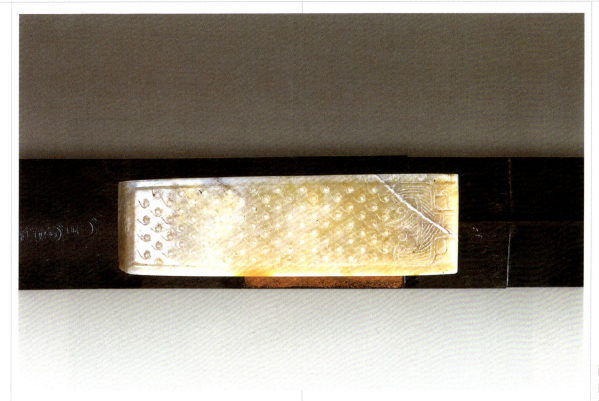

80 谷纹玉剑璏 西汉

长6.6、宽2.4、厚1.6厘米

1997年江苏省扬州市邗江西湖胡场20号汉墓出土

扬州博物馆藏

玉剑璏随铁剑漆鞘出土,白玉质,微泛黄。面上一端阴线浅刻螭首纹,身琢刻谷纹,并以阴线纹界边。玉质温润,雕琢精细。 (李则斌)

81 云谷纹玉剑璏 西汉

长6.6、宽2.4、厚1.4厘米

1997年江苏省扬州市邗江西湖胡场17号西汉墓出土

扬州博物馆藏

剑璏出土时附着在铁剑漆鞘上,白玉质,大部有灰褐色沁斑。璏面琢刻整齐的谷纹,每两粒谷纹间以浅刻云纹勾连。 (李则斌)

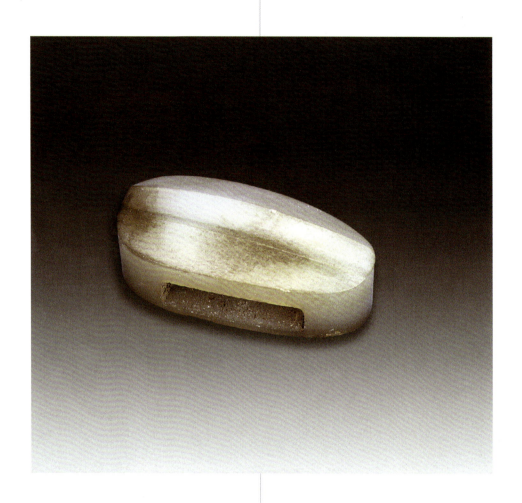

82　琵琶纹玉琫　西汉

长 4.1、宽 1.9 厘米

1985 年江苏省扬州市邗江甘泉姚庄 101 号汉墓出土

扬州博物馆藏

琫玉青色,质温润,器表有沁斑。正面琢磨两道挺拔的突棱和三道平滑的凹槽。
下部有一长方形穿孔。此器是铁刀鞘上的装饰玉,琢工简洁,表面琢磨精致。

(马富坤)

83 龙形玉饰 西汉

长 10.3、宽 13.5、厚 0.7 厘米

1976 年江苏省扬州市邗江西湖周岗出土

扬州博物馆藏

玉饰青玉质,体扁平。龙体作回首卷曲状,龙角、足、尾边沿轮廓线均采用浅刻阴
线的技法装饰。龙身饰饱满的谷纹,脊上钻有一穿孔,可供系挂。 (马富坤)

徐廣賤國玉器

84　龙形玉饰　西汉

长 17、宽 9.8 厘米
1976 年江苏省扬州市邗江西湖周岗出土
扬州博物馆藏

玉饰青玉质,半透明,器表有光泽。体扁平,呈回首卷曲的龙形,龙吻与躯体连接,尾巴回卷,头有独角。龙角、足、尾皆用浅刻阴线技法雕琢。龙身除雕以阴线轮廓外,还满饰饱满的谷纹。其脊上钻有一穿孔,可供系挂。　　　　　　（马富坤）

85 螭纹玉饰 西汉

长 5.3、宽 3.8 厘米

1977 年江苏省扬州市邗江甘泉"妾莫书"西汉墓出土

扬州博物馆藏

玉饰青玉质,局部有黑色沁斑。体扁平,呈半圆形,单面雕。器表琢雕一首双身的
蟠螭纹,双身上缠绕对称的翼纹。其地为斜方格纹,右下螭角处有一圆形穿孔,
以供系挂。此器为旧玉改制。   (马富坤)

86 螭纹玉饰 西汉

高 1.4、孔径 0.8 厘米

1997 年江苏省仪征市刘集联营谢庄 2 号西汉墓出土

仪征市博物馆藏

玉饰白玉质，温润如脂，器表有细小黑色沁斑。圆柱形，中有一自上而下贯穿的圆孔，器表阴刻勾连云纹，身外出三脊，呈半圆柱形。每只脊上浅浮雕一正面小螭虎，头在下身在上，宽头圆眼，底纹为勾连云纹。脊上雕刻纹饰不太对称，故此器应为旧玉改制。 (刘勤)

87 兽面玉饰 西汉

长 4.5、宽 2.5、厚 0.5 厘米

1991 年安徽省天长市三角圩汉墓群出土

天长市博物馆藏

玉饰青玉质，局部有黄褐色沁，单面浅浮雕兽面，以双阴线刻出眼眶，推磨出眼球，以细阴线刻出瞳孔，两眼间以"二"字纹勾勒出如意形鼻。鼻两侧刻有胡须，上部以云纹作为兽耳。兽面面目狰狞，似有前代遗风。

(纪春华)

88 心形草叶纹玉饰 西汉

长 3.4、宽 1.7 厘米　长 3.3、宽 1.9 厘米
长 2.7、宽 2.3 厘米　长 2.7、宽 1.9 厘米
1991 年安徽省天长市三角圩汉墓群出土
天长市博物馆藏

4 件,玉饰青玉质,局部有黑色沁。器作心形,均沿器边缘刻一心形边框,器中部
饰一草叶,两侧刻卷云纹间以花蕾纹。图案以草叶纹的茎为中轴线,形成左右对
称的纹饰。纹饰均以浅阴线刻划,图案较为少见。　　　　　　　　　（施庆）

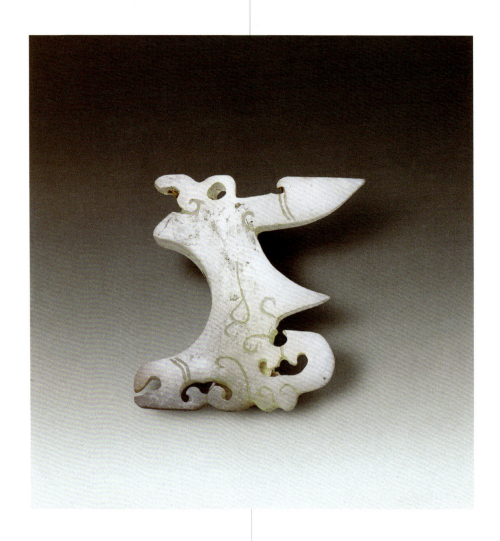

89 鞢形玉饰 西汉

长 3.5、宽 3.2 厘米

1991 年安徽省天长市三角圩汉墓群出土

天长市博物馆藏

玉饰青玉质,半透明,应由断缺的鞢形佩改制而成,双面线雕,顶部一穿孔。两面
纹饰不同,一面阴刻线细腻流畅,刀工精细,另一面线条生硬。　　　　（施庆）

113

90　云纹玉饰　西汉

长5.2、最宽3.7厘米
长4.8、最宽3.4厘米
1977年江苏省扬州市邗江甘泉"妾莫书"西汉墓出土
扬州博物馆藏
2件，玉质温润，半透明，有光泽。体扁平，呈桃形片状，单面雕。正面饰以线条流畅挺拔、制作规整的丝束纹和螭虺纹，纹饰具有春秋时期兽面纹饰的风格，应是一件旧玉改制品。

(马富坤)

91　铭文玉饰　西汉

长 18.3、宽 6.4 厘米

1977 年江苏省扬州市邗江甘泉"妾莫书"西汉墓出土

扬州博物馆藏

玉黄色,呈长方形,扁平片状,一端窄一端宽,一端右侧有一圆孔,左侧可见完整
的"孝享"二字。两面均打磨光滑,此器为旧玉改制品。　　　　　　　（马富坤）

92　亚形玉饰　西汉

长 3、宽 2.4、厚 0.22～0.3 厘米

1991 年江苏省扬州市邗江甘泉巴家墩西汉墓出土

扬州博物馆藏

2 件,青玉质,表面有白沁蚀,一件沁蚀较重。器作弧状束腰,并于腰部两侧平伸
出平行的二凸齿,呈亚字形。该器一面抛光,未抛光面的上下两头各向端面斜钻
3 孔,以为系饰之用。从考古资料看,亚字形器多见于秦国墓葬,在徐州狮子山
汉墓中发现的亚字形器则是作为玉枕上的贴饰之物。　　　　　　　　　(王冰)

93　玉贝饰　西汉

长 1.5、宽 1.3 厘米

1977 年江苏省扬州市邗江甘泉"妾莫书"西汉墓出土

扬州博物馆藏

13 枚,青玉质,形似海贝,背面平坦,正面凸起,中部琢雕出一条窄长的凹槽,其凹槽两侧琢成斜贝状纹,上下各有一穿孔,似为穿系之佩饰。　　（马富坤）

94　嵌玉片饰　西汉

长 10.1、宽 3.7 厘米

长 4.6、宽 3.3 厘米

1977 年江苏省扬州市邗江甘泉"姜莫书"西汉墓出土

扬州博物馆藏

此组饰件有菱形青玉片 2 块,三角形青玉片 10 块、黄玉片 2 块。两种形状的玉片正面均琢磨光润,背面粗糙,表面光素无纹。此物为嵌饰品。　　　（马富坤）

95 面罩嵌玉片饰 西汉

1991 年安徽省天长市三角圩汉墓群出土

天长市博物馆藏

41 片,形状各异,有长方形、梯形、三角形、正方形等。玉质较杂,大多为青玉,少
数为白玉,局部有沁。其中 31 片四角 4 孔,5 片四周 5 孔,3 片四周 3 孔,2 片四
周 6 孔。孔有单面钻和双面钻,无定性,都嵌放在腐木片上,散落在墓主头部,当
为木面罩嵌玉,惜面罩已毁,排布规律不明。   (纪春华)

中国玉器全集

96 木枕嵌玉片饰 西汉

枕长 38.5、宽 11.4 厘米

1991 年安徽省天长市三角圩汉墓群出土

天长市博物馆藏

木枕为长方半圆柱体,木质框架,一壁留门,体中空,两端弧起,中间凹,凹面嵌
长方青玉片 5 块,门两边嵌正方白玉片 2 块。玉片四角有 4 钻孔,正面抛光,背
面磨光。   (纪春华)

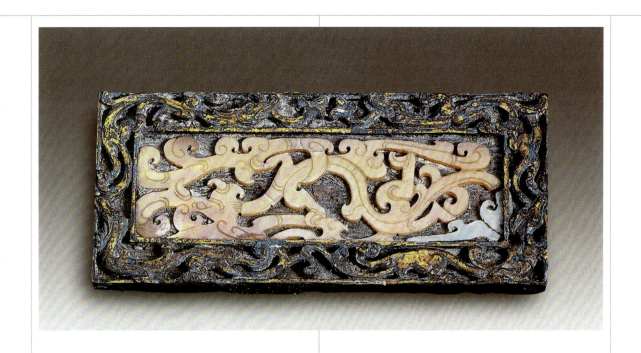

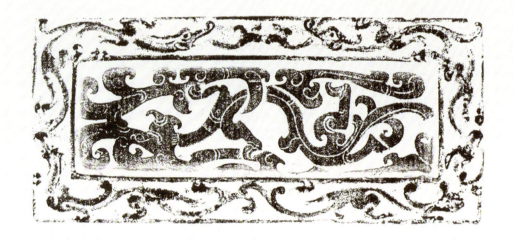

97　嵌龙凤纹玉鎏金铜带板　西汉

长8.6、宽3.8厘米

1977年江苏省扬州市邗江甘泉"妾莫书"西汉墓出土

扬州博物馆藏

带板外框呈长方形,正面边框内饰四条游动的蟠龙。内镶嵌着透雕精细的龙凤纹黄玉片。在玉片的表面采用游丝毛雕浅刻阴线的装饰技法,使龙凤图案较为抽象。龙凤屈曲缠绕,充满灵动之感。在器物的右下角缺补着一小块白玉。此类铜带饰板,在汉代墓葬中极为少见。　　　　　　　　　　　　（马富坤）

98　玉卮　西汉

通高 5.9、直径 8.8、鋬长 4.7厘米

1991 年江苏省扬州市邗江甘泉巴家墩西汉墓出土

扬州博物馆藏

卮青玉质,色黄绿,胎中夹杂黄色短筋。因遭盗墓者乱抛,致使玉块不同程度的沁蚀。器身作直壁浅圆桶形,外壁中上部有一单环鋬伸出,鋬之环、面宜于食、拇指扣压使用,器底有 3 个半球形乳丁足。　　　　　　　　　　　　　　（王冰）

99　玉管　西汉

长 9.2、直径 1.2、孔径 0.8 厘米

1982 年江苏省扬州市高邮天山乡神居山 2 号汉墓出土

南京博物院藏

管青玉质,圆形管状,中部穿孔,素面。管的一侧经过琢磨呈平面,平面中间位置
有一斜穿孔。　　　　　　　　　　　　　　　　　　　　　　　　　　（周长源）

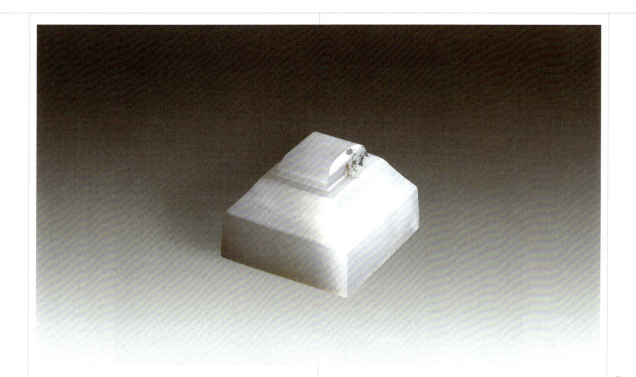

100 "桓平之印"玉印 西汉

通高1.4、边长1.95厘米

1991年安徽省天长市三角圩汉墓群出土

天长市博物馆藏

印为和阗白玉质,印体为方形,盝顶之上附桥形钮,钮下有弧形穿孔。印文为白文篆书"桓平之印","一顺式"排列,不带界格,未破边,整体布局均匀而舒适。印文的笔势方圆结合,疏密相映,"桓"、"印"结构满实,"平"、"之"结构疏朗,笔画间大片留红,二实二虚的全局形成了强烈的朱白对比。　　　　(赵树新)

101　虎钮玛瑙印　西汉

通高 1.8、边长 2 厘米

1988 年江苏省扬州市邗江甘泉姚庄 102 号西汉墓出土

扬州博物馆藏

印为浅黄色玛瑙质。虎首作匍伏环首状,虎腹下有一穿孔。印文被磨抹。

（印志华）

102 "长乐富贵"琥珀印 西汉

通高 0.8、边长 1.1 厘米

1988 年江苏省扬州市邗江甘泉姚庄 102 号西汉墓出土

扬州博物馆藏

印为橘红色琥珀质,卧兽钮,兽腹下有一穿孔。印面上为线刻阴文"长乐富贵"。

此印为一方吉祥语印,印面的边角光滑圆润,具有明显长期使用的痕迹。

（印志华）

103　猪形玉握　西汉

长 11.5、宽 2.2、高 2.9 厘米

1988 年江苏省扬州市邗江甘泉姚庄 102 号西汉墓出土

扬州博物馆藏

2 件,猪作伏卧状,吻部突出,前后蹄皆屈收腹下,短尾。吻下及尾部各有一小孔。此器用和阗玉雕琢,玉质晶莹,造型圆润,刀法简练,线条流畅,采用了"汉八刀"的精湛技法。　　　　　　　　　　　　　　　　　　　　　　　（印志华）

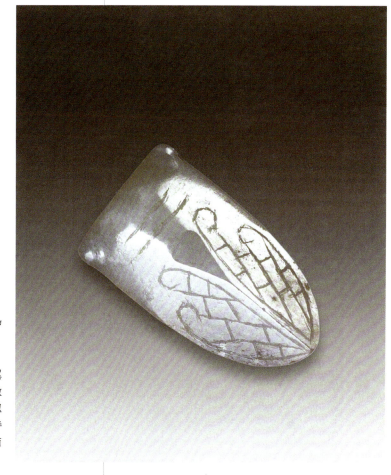

104　玉蝉　西汉

长 2.8、宽 1.6、厚 0.5 厘米

1982 年江苏省扬州市高邮天山乡神
居山 2 号汉墓出土

扬州汉广陵王墓博物馆藏

蝉白玉质,玉质温润,系和阗玉。蝉翼
用简洁的阴线雕琢而成,头部两眼微
突,线条简约,磨琢细腻,腹部微凹,以
简单的阴刻线条刻划出蝉的腹部特
征。整体造型准确,形态质朴,线条简
练。　　　　　　　　　　　(李斌)

105　玉蝉　西汉

长 2.4、宽 1.5 厘米

1988 年江苏省扬州市邗江杨庙乡王
庙西汉墓出土

扬州市邗江区文物管理委员会藏

蝉灰白玉,玉质滋润。头部略呈弧形,
眼睛外突,背部隆起,寥寥数刀,将蝉
头颈琢雕清楚,线条简洁流畅。

　　　　　　　　　　　(朱育林)

106　玉蝉　西汉

长 2.5、宽 2.1 厘米

1988 年江苏省扬州市邗江杨庙乡王庙西汉墓出土

扬州市邗江区文物管理委员会藏

蝉青玉质,扁平状,头部平直,双目外突,腹部线条简练,背部琢雕纹饰不对称,
应为改制品。

（朱育林）

107　玉蝉　西汉

长 5.7、宽 2.9 厘米

1988 年江苏省扬州市邗江甘泉姚庄 102 号西汉墓出土

扬州博物馆藏

蝉用和阗玉雕琢成,洁白无瑕,玉质莹润,具有极强的透明感。蝉头部略呈弧形,双目突出,嘴角分明,弧线形的蝉翼覆盖着蝉身,蝉腹部刻有 12 道横线皮纹,表现出蝉有伸缩功能的腹节。玉蝉的琢磨工艺精致准确,线条挺拔。（印志华）

108　玉蝉　西汉

长4.5、宽2.2、厚0.7厘米

1997年江苏省扬州市邗江西湖胡场20号汉墓出土

扬州博物馆藏

蝉以和阗白玉简刻而成，玉质温润透明，腹部以下有黄色细沁均匀洒布，与白玉相得益彰。整器小巧玲珑，截面呈三角形，背起脊，腹弧圆，背脊上剔刻一三角形饰。

(李则斌)

109 玉蝉 西汉

长 6.2、宽 3.2、厚 0.8 厘米

1982 年江苏省仪征市胥浦胡庄西汉墓出土

仪征市博物馆藏

蝉玉质青白,色泽莹润,头部略呈弧形,两眼突出,嘴角分明,雕琢时巧妙地运用玉皮色于蝉的头部,玉皮呈土红色。蝉翅拢于身,腹部上端为阴线斜十字纹,下端刻有八道弧形内凹的横纹。琢工简练,线条流畅,造型逼真,色彩对比鲜明,体现了"汉八刀"的风格。 (孙庆飞)

110 玉蝉 西汉
长6.2、宽3.4厘米
1979年江苏省扬州市东风砖瓦厂汉墓出土
扬州博物馆藏

蝉青玉琢成,滑润光亮,器表有灰白色沁斑。蝉体宽扁,头顶部双目外突,以"汉八刀"手法在正面磋出双翼,背面琢出腹部,尾和双翅呈三角锋尖状,线条流畅简练,做工细致精巧。　　　　　　　　　　　　　　　　　(马富坤)

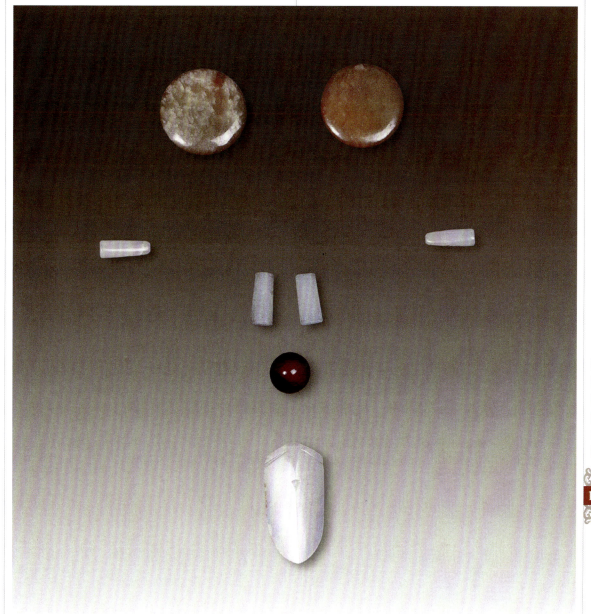

111 七窍玉 西汉

眼盖厚 0.45、底径 3.7 厘米 鼻塞长 2.1、上径 0.85、底径 0.95 厘米
耳塞长 2.1、上径 0.4、底径 0.7 厘米 蝉长 5、宽 2.4 厘米 珠径 1.7 厘米

1991 年安徽省天长市三角圩汉墓群出土

天长市博物馆藏

这组玉饰包括眼盖、鼻塞、耳塞、口琀各 2 件，玉件为白玉质。眼盖，扁平体，上表面微鼓，抛光，底部为一平面，磨光；鼻塞、耳塞形制相同，为底大上小的柱状体，遍体抛光；口琀其一为蝉，其二为珠。蝉头呈三角形，背起脊，至头部呈三角形平面，腹微弧，尾上翘，头部三角形平面两边各深刻一刀，背近头部有一三角形破脊，通体抛光；珠为玛瑙球体，黑朱双色，色界有一穿孔，通体抛光。它们出土时共置于墓主人头部。同时有 2 件口琀的葬俗尚属少见。   （王晓东）

112 玉塞 西汉

肛塞长 6.7、直径 1.1～1.4 厘米

鼻塞长 2、直径 0.7 厘米

1988 年江苏省扬州市邗江甘泉姚庄 102 号西汉墓出土

扬州博物馆藏

鼻塞 2 件,白玉质地,断面呈八角棱形柱状。肛塞青玉质地,断面呈八角棱形柱状,一端粗,一端细。 （印志华）

113 串饰 西汉

方胜形玉饰 1.2×1.2、0.8×0.8 厘米
壶形琥珀饰高 1.5 厘米
管形玛瑙饰长 1.5、1.7 厘米
扁壶玉饰高 1.3 厘米
鸟形煤精饰高 1、羊高 0.8 厘米
方胜形琥珀饰高 0.7 厘米
1985 年江苏省扬州市邗江甘泉姚庄 101
号汉墓出土
扬州博物馆藏

此组串饰由多种材料和造型组合而成,共
计 9 件,小巧精细,构思新颖。每件小饰品
皆有穿孔,可穿线佩挂。其中煤精鸟和羊
制作工整,形体准确,具有写实风格。

(马富坤)

114　串饰　西汉

最大者兽形琥珀饰高 1 厘米

最小者兽形琥珀饰高 0.5 厘米

1996 年江苏省扬州市邗江西湖胡场 14 号汉墓出土

扬州博物馆藏

此串饰共 28 件组为一套,出土于木棺中墓主人(女性)的胸部,应为生前配饰之项链。其由金、玉、玛瑙、琥珀、玻璃等材料制作成珠、管、胜、坠、壶及辟邪、鸡、鸭等形状的小饰品连缀而成。每件小饰品皆有极细的穿孔。两件金壶本已极小,其上还饰联珠点饰并镶嵌宝石,具有古罗马金器风格;玛瑙辟邪虽极细小,但制作工整;玻璃鸡、鸭则利用天然质地纹路表现禽类毛羽,可谓巧夺天工。

(李则斌)

115 串饰 西汉

最大者兽形琥珀饰高 1.1 厘米

最小者羊形煤精饰高 0.8 厘米

1988 年江苏省扬州市邗江甘泉姚庄 102 号西汉墓出土

扬州博物馆藏

6件,有紫晶、琥珀、玻璃、玛瑙和煤精等材料制成的紫晶葫芦、琥珀兽、玻璃鸽子、玛瑙枣核形串管和煤精羊。每件串饰皆有极细的穿孔,应是整串项链中的主要饰品。串饰虽小,但制作精细。 （印志华）

116　玛瑙瑱　西汉

长 2、直径 0.75～0.9 厘米

1997 年江苏省扬州市邗江西湖胡场 20 号汉墓出土

扬州博物馆藏

2 件,以优质珊瑚红玛瑙制成,呈束腰圆柱形,中竖穿孔以便穿挂。(李则斌)

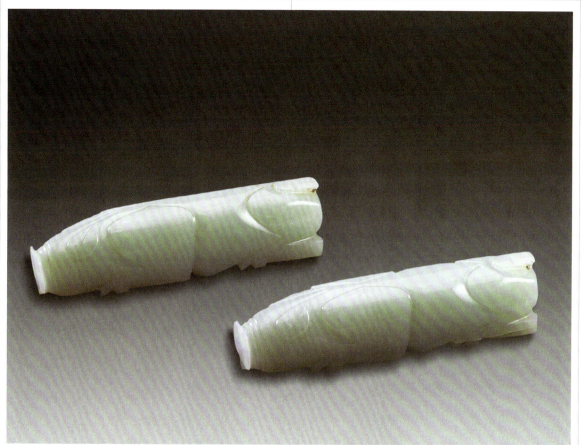

117　猪形玉握　新莽

长11.4、宽2.6、高2.8厘米

1985年江苏省扬州市邗江杨寿宝女墩104号新莽墓出土

扬州市邗江区文物管理委员会藏

2件。猪为和阗青白玉质,呈卧伏状,四肢屈于身下,吻下和尾部各穿一孔。此器以写意的造型,采用典型的"汉八刀"技法简练而生动地琢雕出猪的目、耳、腿、尾和背。玉质纯正温润,线条粗犷挺拔,刀工刚劲有力。　　　　　　　（张元华）

118　玉塞　新莽

肛塞长 6.8、上径 1～1.2、底径 1.3～1.6 厘米

阴塞长 6.1、上径 1、底径 1.4 厘米

1985 年江苏省扬州市邗江杨寿宝女墩 104 号新莽墓出土

扬州市邗江区文物管理委员会藏

塞为青白玉，玉质温润。肛塞为不等边八角梯柱体。阴塞为等边八角梯柱体。单穴单葬、单棺出土两根长塞的情况在扬州地区并不多见，说明此墓为女性墓葬。

（朱育林）

119　玉塞　新莽

阴塞长 6.9、宽 1.8 厘米

肛塞长 5.9、宽 1.5 厘米

耳塞长 1.7、宽 0.8 厘米

1985 年江苏省扬州市邗江西湖花园新莽墓出土

扬州博物馆藏

塞玉青白色。阴塞、肛塞形制相同，一长一短，均为八角状。短件为阴塞，长件为肛塞。做工规整，棱角分明，琢磨光洁。耳塞 2 件，玉质温润，有光泽，为扁八角形，表面琢磨精细，做工规整。　　　　　　　　　　　　　　　（马富坤）

120 玉蝉 新莽

长 5.3、宽 2.7 厘米

1985 年江苏省扬州市邗江西湖花园新莽墓出土

扬州博物馆藏

蝉玉白色,温润光亮,局部有沁色。体宽平,头部双目外突,嘴角分明,弧线形蝉翼覆盖着蝉身,背面琢出腹部,尾和双翅呈三角形锋尖状,工艺精良,造型准确。

(马富坤)

121　玉翁仲　东汉

高 4.1 厘米

1980 年江苏省扬州市邗江甘泉双山 2 号东汉广陵王刘荆墓出土

南京博物院藏

翁仲为和阗青玉圆雕,受沁泛白,作立体人形,以"汉八刀"技法琢出翁仲眉、目、鼻。其头戴高冠,衣领交叉,腰间系带,衣服曳地。腰侧横一穿孔,便于穿绳系挂,此应是东汉广陵王刘荆佩带的小件辟邪玉器,为迄今所见汉代惟一的出土翁仲,十分珍稀。

(周长源)

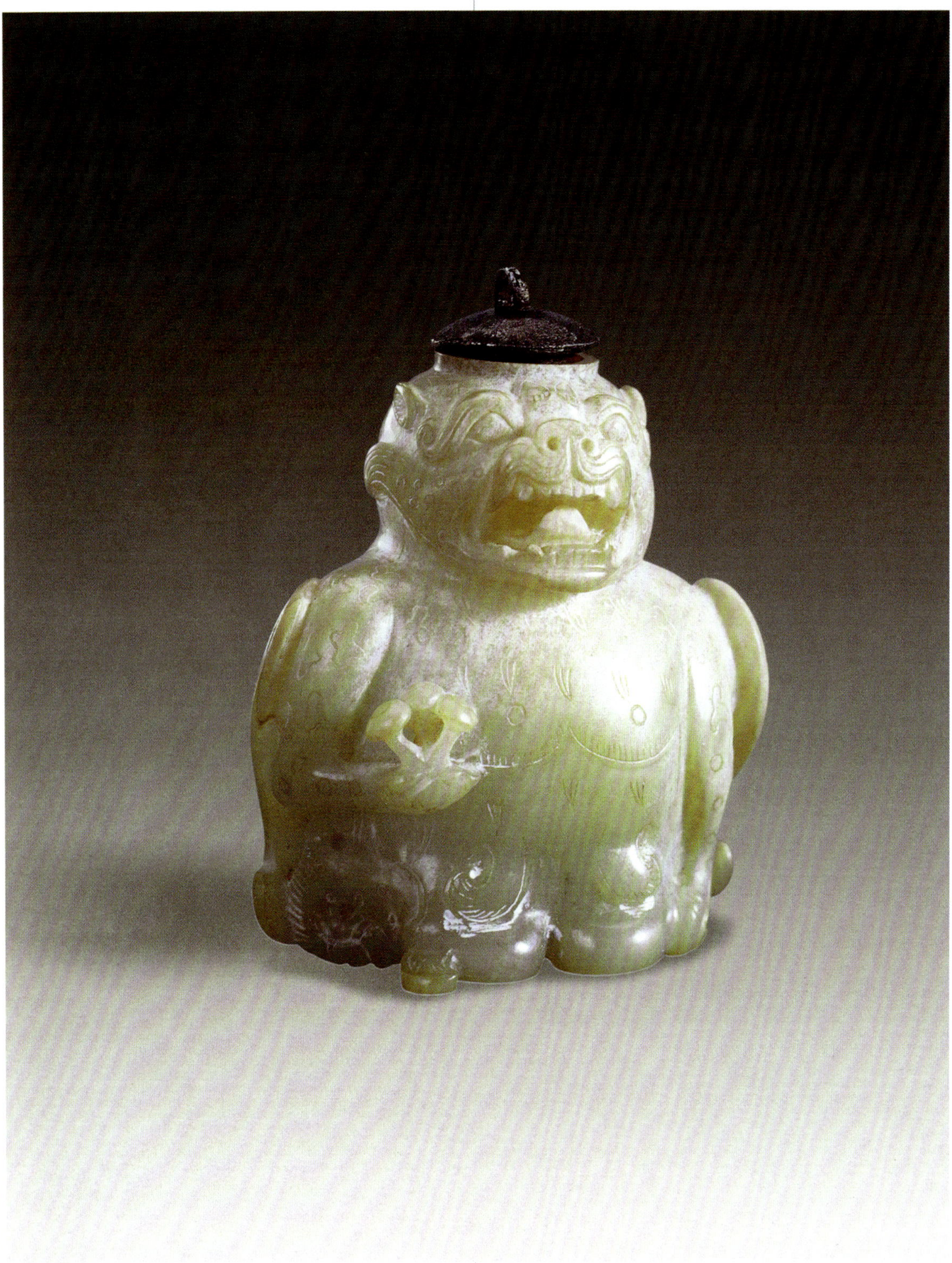

122 辟邪玉壶 东汉

通高7.7、壶高6.8、宽6、厚4.5厘米
1984年江苏省扬州市邗江甘泉老虎
墩东汉墓出土
扬州博物馆藏

壶为和阗白玉质,造型为一辟邪作踞
坐状。辟邪右手平托灵芝仙草,左手
着地,二目圆睁,张口露齿,舌尖上卷,
其后置卷云形双角双翼,胸腹圆浑丰
满,虽卷尾及足藏于臀下,但雕刻得
十分清晰,其细部饰阴线圆圈和毛
纹。壶口为圆形,开在头顶,上置环钮
银盖,此壶可能为装丹药之用。该壶
造型独特,雕琢精湛,集圆雕、镂空、浮
雕、阴线刻技法于一体,是东汉广陵
玉器的杰作。　　　　　（徐良玉）

123 "宜子孙"螭凤纹璧形玉佩 东汉

高9、径7、厚0.4厘米
1984年江苏省扬州市邗江甘泉老虎墩东汉墓出土
扬州博物馆藏

佩为和阗青白玉质,双面雕饰,上廓附琢一回首曲身凤,凤腹下刻"宜"字,双圈间中轴上下置"子"、"孙"两字,两侧饰双螭,体态矫健灵动。"宜子孙"为吉祥语。该佩与同类器物相比,构思独特,造型别致,故弥足珍贵。 (徐良玉)

124 螭龙环形玉佩 东汉

径 10、内径 4.7、厚 0.4 厘米

1984 年江苏省扬州市邗江甘泉老虎墩东汉墓出土

扬州博物馆藏

佩为和阗白玉质,色青白,边缘有红黄色晕斑。全器以一首尾相接的龙体卷曲两周,小螭在红黄色晕斑中缠绕龙身,环的正反两面雕出了龙螭的正反形象。该环采用浮雕、透雕和阴线刻手法琢成,构思独特,雕刻精细。 　　　　　　(徐良玉)

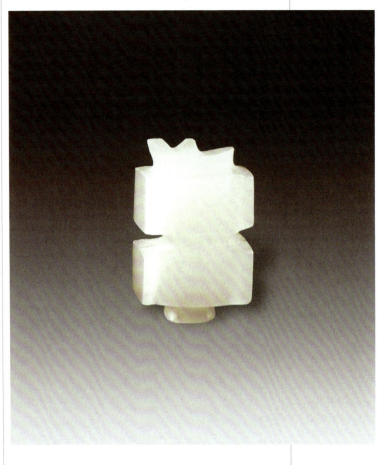

125　司南玉佩　东汉

长2厘米

江苏省扬州市邗江甘泉三墩东汉墓
出土

南京博物院藏

佩用上等和阗白玉琢雕,呈"工"字形,
方柱体。上面饰状如小勺的司南,下
面置一低平矮柱,似一件测向的工
具。此佩为标准型的司南玉佩,颇为
珍贵。　　　　　　　　　　(周长源)

126　司南形琥珀佩　东汉

长2.5厘米

江苏省扬州市邗江甘泉三墩东汉墓
出土

南京博物院藏

佩质地为红琥珀,由于受沁,表面较
为粗糙。造型为简化司南佩形。此佩
是汉代辟邪用器。　　　　(周长源)

127　玉严卯　东汉

高 2.2 厘米

江苏省扬州市邗江甘泉三墩东汉墓出土

南京博物院藏

严卯和阗白玉质,为上下大小相等的方柱体,中间置一圆形小穿孔,外壁四面琢刻 8 竖行殳书,计 32 字,为辟邪吉祥语,其内容与文献记载相符,应是东汉广陵王刘荆使用的辟邪挂件。

(周长源)

128 玉具剑饰 东汉

首径 4、厚 0.4 厘米

格长 5.6、宽 2 厘米

璏长 6.5、宽 2.4、厚 1.5 厘米

1984 年江苏省扬州市邗江甘泉老虎墩东汉墓出土

扬州博物馆藏

玉剑首乳白色，局部有黑斑。圆形，外区饰谷纹，内区用阴线刻勾云纹；玉剑格为白玉质，局部有褐斑，一面采用高浮雕和透雕手法雕琢一蟠龙，形态生动，另一面浮雕兽面纹和勾云纹，形象逼真；玛瑙剑璏白色中有红斑，长方形，表面浮雕一蟠螭，四周饰云气纹，极为少见。 （徐良玉）

129　虎钮玛瑙印　东汉

高 3、边长 2.7 厘米

1980 年江苏省扬州市邗江甘泉双山 2 号东汉广陵王刘荆墓出土

南京博物院藏

印为黄色玛瑙质地,光亮透明,印面无文,钮琢雕成一立虎,呈观望状,神态生动。

（周长源）

130　贴金箔猪形石握　东汉

长 10.3、宽 2.3、高 2.5 厘米

1958 年江苏省宝应县氾水镇汉墓出土

宝应博物馆藏

2 件,用石料雕刻,造型规格均相同,全身贴金箔。此猪作半蹲状,头微仰,吻前翘,耳后拉,双眼有神,其凸起的胯部和用力的四肢,好似拱食之态,造型写实,体态丰腴。因贴有金箔装饰,弥足珍贵。　　　　　　　　　　　　　　（赵进）

131　玻璃璧　西汉

直径 12.5~12.8 厘米

1996 年江苏省扬州市邗江西湖胡场 14 号汉墓出土

扬州博物馆藏

3 件,璧为圆形片状,表面有黑色粉末层,淡处露灰白色胎,单面纹饰,在蒲纹之
上饰乳丁纹,内缘和外缘各置一道宽弦纹。此璧原嵌于彩绘漆面罩内壁。

（周长源）

132 玻璃环 西汉

直径 3.6~4.1 厘米

1996 年江苏省扬州市西湖胡场 14 号
汉墓出土

扬州博物馆藏

4 件,环为圆形片状,表面有黑色粉末
层,淡处露灰白色胎,素面无纹。此环
原嵌于彩绘漆面罩内壁。(周长源)

133 鸽形玻璃穿饰 西汉

长 1.5、高 1.7 厘米

1988 年江苏省扬州市邗江甘泉姚庄
102 号西汉墓出土

扬州博物馆藏

玻璃腐蚀严重,呈灰白色。鸽作卧状,
腹部丰满,从侧面至底部有一斜穿
孔。它与琥珀兽、煤精羊等多种微雕
穿饰串连在一起,组合成串饰,是女
性墓主人腕部的装饰品。(周长源)

134 玻璃具剑饰 西汉

首径4.2厘米

格长5.9、宽2.3厘米

璏长6.1、宽1.9、高1.2厘米

珌长5.2～5.8、宽3.1厘米

1996年江苏省扬州市邗江西湖胡场

13号西汉墓出土

扬州博物馆藏

首、格、璏和珌为一剑之饰,同为阳文。
首圆饼状,以乳丁圆圈纹为中心饰柿
蒂纹,外为乳丁纹,在柿蒂纹与乳丁
纹之间以弦纹分隔。格两面均饰云
纹。璏长条形,下有长方形穿孔,面饰
蟠螭。珌呈梯形,素面。西汉出土文物
中玻璃剑饰成套组合可谓凤毛麟角。

(周长源)

135 玻璃衣片 西汉

圆形片直径 6.2 厘米

长方形片长 6.2、宽 4 厘米

1977 年江苏省扬州市邗江甘泉"妾莫书"西汉墓出土

扬州博物馆藏

出土完整衣片 600 块,模铸。分素面和纹饰两种,有纹饰的又分圆形和长方形两类。圆形片似璧形,主纹盘龙,自背面穿 3 孔,呈等腰三角形分布。长方形片中心饰四叶柿蒂纹,一条盘龙环绕四周,四角自背面各穿一孔。纹饰片出土时有的贴金箔,装饰富丽。 　　　　　　　　　　　　　　　　　(周长源)

136　玻璃衣片　西汉

长方形片长 5.6、宽 4.4 厘米

菱形纹片残长 6.3、宽 3 厘米

1993 年江苏省扬州市平山乡汉墓出土

扬州博物馆藏

衣片出土 20 余块，模铸。分素面和纹饰两种。素面片又分长方形和心形。纹饰片又分白虎星辰纹、四叶柿蒂纹、勾连云纹和菱形纹几种。阴文纹饰片至今还粘贴着星星点点的金箔，装饰讲究。其中一块白虎星辰纹衣片正面墨书"章持人□"铭。

（周长源）

137　玻璃蝉　西汉

长 3.9、宽 2.2 厘米

1957 年江苏省扬州市江都凤凰河汉
墓出土

扬州博物馆藏

蝉扁平状，蓝色料，半透明，双眼外突，
背部突起，并以较粗的阴刻横线、弧
线和竖线表示头颈部分。双翼呈斜坡
状，中间形成脊线，蝉面光洁，颜色鲜
明，线条简洁。　　　　　（周长源）

138　包银箔玻璃蝉　西汉

长 5.6、宽 2.7 厘米

1988 年江苏省扬州市邗江西湖胡场 6
号汉墓出土

扬州博物馆藏

蝉为乳白色料，平头，腹部和背部突
起，剖面呈菱形，头颈之间以阴刻横
线、弧线和竖线分隔，双翼以两道斜
线表示。蝉体包银箔，虽然一部分银
箔受腐蚀严重氧化，一部分银箔轻度
氧化，但银箔仍牢固地贴附于蝉面。
玻璃因受银箔的保护而未受到腐蚀，
其色如新品。　　　　　（周长源）

139　嵌贴银箔玻璃蝉　西汉

长 5.2、宽 2.9 厘米

1988 年江苏省扬州市发电厂汉墓出土

扬州博物馆藏

蝉表面灰白色，扁平状，背部突起，腹部低凹明显。平头，眼睛外突，头颈之间以一道阴槽区分，双翼亦以阴槽划分。头颈和双翼中部分别饰大菱形纹，每组大菱形纹均是用正方形小银箔 5 片规律地分贴组合而成。双翼阴槽内嵌贴条形银箔，蝉眼处明显遗留银箔痕迹。　　（周长源）

140　嵌贴银箔玻璃蝉　西汉

长 5.4、宽 3.1 厘米

1979 年江苏省扬州市东风砖瓦厂汉墓出土

扬州博物馆藏

蝉表面黑色，双翼多处有小孔眼，背部突起，腹部低凹，凸头，眼睛外突，头颈之处用一道阴槽分隔，双翼亦用阴槽划分。头颈和双翼中部分别饰大菱形纹，每组大菱形纹均是用正方形小银箔 5 片规律地分贴组合而成。凡阴槽内都嵌贴有条形银箔，蝉眼处明显遗留银箔痕迹。　　（周长源）

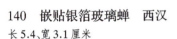

141　玻璃塞、蝉　西汉

耳塞长 2.2 厘米　鼻塞长 2.1 厘米

蝉长 5.5、宽 3 厘米　肛塞长 4.6 厘米

1997 年江苏省扬州市邗江西湖胡场 22 号汉墓出土

扬州博物馆藏

耳、鼻塞各 2 件,为上细下粗的圆柱体,表面附一层黑色粉末,淡处露灰白色。口
琀蝉扁平状,凸头型,双眼外突,背部突起,用一道横细阴线分隔颈头,用粗阴线
划分双翼。肛塞为上下粗细一样的圆柱体,表面附一层黑色粉末,它和以上耳
塞、鼻塞和蝉是同一人所用的丧葬品。　　　　　　　　　　　　　　　(周长源)

142　玻璃眼盖　西汉

长 4.1、宽 1.6 厘米

1980 年江苏省扬州市东风砖瓦厂 A 区 9 号汉墓出土

扬州博物馆藏

眼盖一副,形似枣核,片状,表层黑色,淡处露灰白色,每片左右各有一穿孔。

(周长源)

143　玻璃鼻塞　西汉

长 1.6、宽 1 厘米

1989 年江苏省仪征市张集茶场团山 1 号西汉墓出土

仪征市博物馆藏

2 件,鼻塞深蓝色,半透明,头形似圆形钉帽,身为八角柱形。

(孙庆飞)

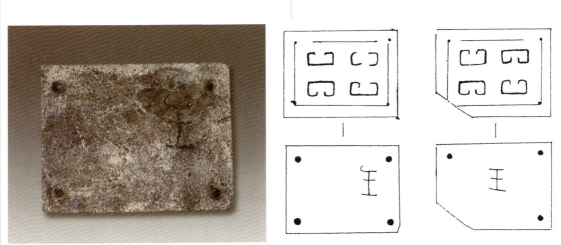

144　玻璃衣片　新莽

长5.7~5.8、宽4.3~4.4厘米

1985年江苏省扬州市邗江杨寿宝女墩104号新莽墓出土

扬州市邗江区文物管理委员会藏

衣片出土约19块，均为长方形片状，模铸，纹饰为阴文，嵌贴金箔，长方形四角
自背面各穿一孔。其饰面有白虎竖耳翘尾、张口露舌作奔跑状，一星辰高悬于虎
头上方的图案；有以5个菱形组成柿蒂纹，呈"十"字形的四叶柿蒂变形纹；有在
长方形阴线边框内饰对称的四朵云纹；有在长方形阴线边框内饰一朵勾连云
纹。两块变体云纹片背面有墨书"王"铭。　　　　　　　　　　　　（李建广）

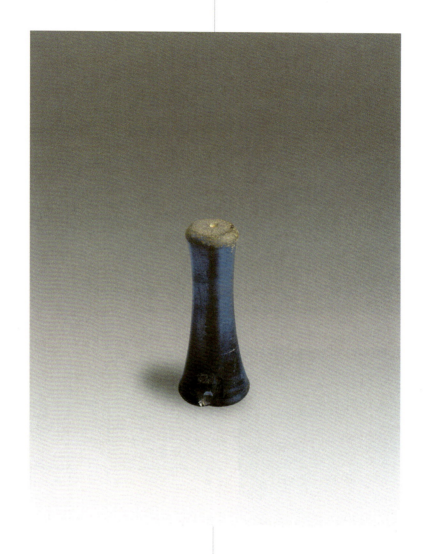

145　玻璃瑱　东汉

长 2.5、上径 0.8、底径 1.1 厘米

1982 年江苏省仪征市化纤工地 99 号东汉墓出土

扬州博物馆藏

瑱为蓝色料,有光泽,作圆管形,中部缩腰变细,内芯有圆形穿孔一个。

（周长源）

后 记

　　《汉广陵国玉器》的编辑出版，是我们多年的愿望，目的是为了展示扬州汉广陵国（郡）玉文化的风采，弘扬地方优秀的历史文化，为社会和公众服务。

　　《汉广陵国玉器》收录了江苏扬州汉墓和安徽天长（汉时属广陵）汉墓出土的玉器精品145件（套）。其中，以考古发掘品为主，兼收一些零星出土的玉器，部分器物尚属首次面世。

　　《汉广陵国玉器》的出版，得到了各地政府及有关职能部门的重视。编辑过程中，南京博物院，安徽省天长市博物馆，江苏省扬州汉广陵王墓博物馆、仪征市博物馆、宝应博物馆、扬州市邗江区文物管理委员会等均给予了极大的支持；文物出版社的同志为该书的出版做了大量工作，在此一并表示真诚的谢意。由于时间仓促，尚有一些不足之处，敬请广大读者指正。

扬 州 博 物 馆

二〇〇二年十月二十八日

图书在版编目（CIP）数据

汉广陵国玉器/扬州博物馆，天长市博物馆编 ——北京：
文物出版社，2003.8（2021.4重印）

ISBN 978-7-5010-1471-2

Ⅰ.汉… Ⅱ.①扬…②天… Ⅲ.古玉器－中国－汉代
Ⅳ.K876.8

中国版本图书馆CIP数据核字（2003）第022896号

汉广陵国玉器

扬 州 博 物 馆
编
天 长 市 博 物 馆

英文提要	张　旸
封面设计	陈蛮蛮
责任校对	安倩敏
责任印制	陈　杰
责任编辑	张征雁
再版编辑	马晨旭
出版发行	文物出版社
社　　址	北京市东直门内北小街2号楼
网　　址	http://www.wenwu.com
印　　刷	北京君升印刷有限公司
开　　本	787mm×1092mm　　1/16
印　　张	10.75
版　　次	2003年8月第1版
印　　次	2021年4月第3次印刷
书　　号	ISBN 978-7-5010-1471-2
定　　价	180.00元